추천의 글

경영이 과학이었다면, 경영학과 교수들이 대기업 회장을 맡고 있을 것입니다. 경영은 아트이고, 저자인 김관택 대표는 진정한 아티스트입니다. 아티스트는 자신의 작품으로 모든 것을 말할 수 있습니다. 그런 점에서 아티스트의 글쓰기는 위험이 큰 모험입니다.

왜 글을 썼을까, 독자는 과연 누구일까? 첫 번째 독자는 당연히 승계자인 아들입니다. 우리 사회에서 아버지가 아들에게 말을 건네는 것은 정말 쉽지 않습니다. 저자는 이 책으로 말을 다 했고, 더 이상 말을 하지 않겠다, 더 이상 간섭하지 않겠다고 선언하고 있습니다.

저는 저자도 잘 알고, 승계자인 아들도 1년간의 '승계자 경영 프로그램'을 운영하면서 잘 알게 되었습니다. 확실한 것은 아들은 아버지의 업을 재정의했고, 이제는 자신이 창업자가 되어 새로운 사업을 이끌고 있다는 것입니다!

두 번째 독자는 당연히 기업 승계를 해야 하는 부모들입니다. 아마 이 책을 읽으면, '내가 해주고 싶은 이야기가 여기 다 있네'라고 소리칠 게 뻔합니다. 그래서 세 번째 독자는 승계자들 또는 승계 후보자들입니다. 경영이 과학이라면, 승계가 얼마나 쉬울까요? 경영이라는 아티스트의 일과 무형적인 조직문화를 승계한다는 일은 어렵습니다. 정말 어렵기 때문에 경영자의 가장 중요한 일이 성공적인 승계입니다.

프로이트의 말처럼, 아들은 아버지를 살해해야 어른이 됩니다. 아들은 외디푸스 콤플렉스를 극복해야 어른이 됩니다. 승계자가 자신으로서 살아갈 수 있어야, 그렇게 되기 위해서 모든 것이 재창조되어야 성공적인 승계가 이루어집니다.

이 책은 한 권의 경영학 개론입니다. 진짜 경영학 교과서는 경제학 교과서처럼 구성되어 있지 않고, 이렇게 서술되어야 합니다. 실제 사례에서 '진리의 순간'이 표현되는, 양자역학처럼 중첩되어 있다가 관찰할 때 비로소 드러나는 그런 구조여야 합니다. '착한 사람에게 외상 주지 마라'라는 제목의 '김관택의 경영학'은 추상적 일반성과 구체적 특수성을 갖고 있는 아티스트의 일기입니다.

유비온 대표이사
중소기업융합 서울연합회 회장
임재환

삶은 시스템이다. 일정한 루틴을 만들어 자신을 관리하는 것이다. 작가가 '시스템'을 설계하라는 조언 쉽게 들을 수 없는 조언이다. 열심히 일해라, 노력해라는 쉽지만, 시스템을 설계하라는 말은 경험에서 우러나와야 할 수 있는 조언이다. 모든 경영자가 그렇듯, 경영인은 시스템을 설계하고 싶어 한다.

이렇게 만들기 위해서는 조언이 필요하다. 저자는 멘토를 찾고 불편한 피드백을 받아들이며, 실패를 수업료로 환산해 시스템이 전진하도록 한다. 배우는 구조를 삶에 설치하는 방법론이다.

'착한 사람에게 외상을 주지 마라'의 내용은 뼈아픈 실패를 거친 경영자만이 할 수 있는 진솔한 고백이다. 커리어 전환을 고민하는 청년, 1인 기업가, 재도약을 준비하는 중년에게 권한다. 한 권의 책이 살아 있는 유산이 될 수 있음을 보여주듯, 이 노트가 각자의 일상에 지속 가능한 성장 시스템을 남기길 바란다.

(사)한국산업단지경영자협의회 회장
김기원

당신은 복잡한 세상 속에서 '주인'으로 살고 있는가?

"주인으로 살 것인가, 노예로 살 것인가"라는 당신의 삶의 코드를 근본적으로 재설계할 단 하나의 질문이자 강력한 '깨달음 시스템'이다. 수십 년간 비즈니스와 인생의 격전지를 거쳐 온 저자의 연륜과 통찰이, 추상적인 지혜를 살아있는 유산으로 구현해 냈다. 이 책은 실패의 고통마저 지혜로 승화시키는 연금술, 그리고 '노는 힘'이 창의력과 성장을 폭발시키는 강력한 엔진임을 증명한다.

저자는 독자에게 일방적으로 가르치려 하지 않는다. 다만 스스로 깨닫게 하여, 당신의 삶의 항로를 영원히 바꿀 '1도의 각도 변화'를 실행하도록 압박한다.

나아가 '관계는 혈관'이라는 통찰과 인맥을 숫자가 아닌 태도의 집합으로 재정의하는 뛰어난 현실 감각을 통해, 영리하지만 위험한 재승덕(才勝德)을 넘어 성숙하고 지속 가능한 리더인 덕승재(德勝才)로 나아가는 길을 보여준다. 건강, 경영, 학습 전반에 걸쳐 목표 작성 보다 시스템을 설계하고 신뢰를 쌓는 '주인으로 사는 법'을 완성하고 싶은 이에게 필독을 권한다.

이노비즈CEO독서토론회
역사아카데미 회장
김유홍

삶을 경영하게 될 모든 이들에게

자녀에게 경영 승계를 실패한 L의 이야기를 들었을 때 나는 목이 탔다. 오랫동안 경영을 이어온 L은 당연히 아들에게 회사 경영을 물려줄 수 있을 것으로 생각했다.

아들이 사장이 되어서 회사를 경영하게 된다면 견뎌야 할 일이 있다. 새벽 여섯 시 출근, 열두 시간 넘는 근무. 사원보다 더 많은 일을 해야 한다. 한국 드라마에서 사장은 정장을 입고, 멋진 차를 타며 연애를 하는 것으로 묘사된다. 오랜 기간 사업을 해온 나도 그런 삶을 살아보고 싶다. 그렇게 살아본 적은 한 번도 없다. 한창 일을 할 때는 집에 들어가지 않는 날이 들어간 날보다 많았다.

L의 아들은 두 배 연봉이라는 말에 혹했다. 처음에는 말이다. 하지만 연봉 두 배의 유혹은 오래가지 못했다. 세 배의 일을 해내야 했기 때문이다. L의 아들은 얼마 안 가 결국 퇴사했다. "쉬고 싶다."라는 말을 남기고 말이다. L이 서른 해 동안 쌓아 올린 회사보다 아들은 자기 시간을 원했다.

나도 아들에게 비슷한 제안을 한 적 있다.

"네가 회사원으로 가져가는 월급보다 두 배는 많이 가져갈 수 있다. 그러나 세 배는 더 일해야 한다."

나도 소득으로 아들을 회유하려 했다. 소득 말고는 딱히 생활에서 와닿지 않기 때문이다. 고된 업무의 가장 좋은 치료제는 돈 아닌가? 그런데 나는 아들에게 다른 말을 했다.

"아들아 삶의 주인으로 살아라."

사장이 안 된다고 해서 주인 의식이 없는 것은 아니다. 하지만 분명 한 회사의 대표로 살다 보면 더 많은 책임이 따른다. 나의 선택에 회사의 명운뿐 아니라 많은 사람의 생계가 달려있다. 주변 회사에도 영향이 간다. 게다가 가족을 부양하는 것도 마찬가지 아닌가? 주인 의식을 가지고 달려들지 않으면 백전백패한다.

주인 의식이라는 말이 예스럽기도 하지만, 좋아하는 말이기도 하다. 사르트르는 선택에 관해서 매력적인 말을 남겼다. 내가 했으면 낯간지러운데, 철학자나 문학가가 하면 왜 이렇게 멋진지 모르겠다.

"삶은 B와 D사이의 C이다."

삶은 Birth$^{(탄생)}$와 Death$^{(죽음)}$ 사이의 선택$^{(Choice)}$으로 이루어져 있다는 의미이다. 선택이 중요하다는 것도 맞고, 선택에 따르는 책임을 온전히 자신이 져야 한다는 의미이기도 하다. 스스로 온전한 책임을 질 때 곧 온전한 자유를 누릴 수 있다고 생각한다. 스스로 온전한 책임을 지지 않는 삶은 무엇에 의존하는 삶이고, 무엇에 의존한다는 의미는 곧 제한된 자유를 의미하기도 한다. 간단히 말해 나는 책임 있는 주인 의식이라고 말한다.

가업 승계는 삶을 물려주는 것이다. 회사만 물려주는 것은 아니다. 돈을 많이 벌으라고 가업 승계를 하지 않는다. 돈을 다른 사람에 비해 많이 벌기는 한다. 왜냐하면 사장으로 느껴야 할 중압감을 30년이나 경험했으니까. 재산의 이전이 목표가 아니다. 다른 대기업 회장들처럼 물려줄 재산이 많은 것도 아니다. 하지만 나는 회사의 대표로 살아온 과정이 퍽 마음에 들기에 삶을 물려주고 싶다. 내 삶을 뒤돌아봤을 때, '아! 이만하면 괜찮았고 마음에 드는 삶이었다'라는 생각을 한다. 스스로 질문해 보자.

"내 삶은 괜찮은 삶이었나?"

아니라고 움츠러들 필요는 없다. 지금부터 만들어 나가면 되니까. 스스로 삶이 괜찮았다고 묻는 일은 마치 내 삶에 시약을 떨어뜨리는 것과 같다. 어린 시절 알칼리/염기성을 가려내는 방법을 과학 시간에 배웠다. 시약을 떨어뜨리거나, 리트머스 종이를 대어 보면 물질의 성질을 알게 된다. 나는 이 질문이 리트머스 종이라는 생각을 가끔 한다. 좋은 삶이었나? 괜찮았나? 나는 힘들었지만 괜찮았다. 웃으면서 과거를 이야기할 수 있다. 나의 자녀도 '좋은 삶이었다.'라고 대답할 수 있으면 좋겠다.

경영 승계는 삶의 리듬을 통째로 바꾸는 일일 수밖에 없다. 좋은 삶을 만들기 위해. 나는 내가 배운 몇몇 괜찮은 생각을 적었다. 나는 혼 나가며, 혹은 힘들게 배웠지만, 나의 자녀나 이 책을 읽는 이들은 그러지 않았으면 한다.

나는 무언가를 가르치려는 것은 아니다. 아들에게 강제로 일을 가르치며 기대와 두려움 사이를 오갔다. 나와 다른 삶을 경험해 온 아들은 생각이 달랐고, 나의 의견에 반론을 제기하기도 했다. 이렇게 많이 싸워본 적이 있을까? '그냥 가르치지 말까?' 생각했다. 결국 나는 강제로 가업을 승계할 수는 없을 거라 판단했다. 내가 재미없을 뿐만 아니라 아들이 '혈육이기 때문에 가업을 잇는 것'을 보고 싶지 않았다. '의지가 있어서 잇는 것'을 보고 싶었다.

아이들은 너의 아이들이 아니다.

칼릴 지브란, 예언자

맞다. 아들은 내 소유가 아니다. 스스로 의사를 결정하고 활동하는 독립된 인격이다. 가업 승계는 부모의 의지가 아니라, 잇고 싶은 이의 의지다.

 부모와 자식의 갈등은 방식의 차이에서 시작해 존재의 문제로 번졌다. 서로의 삶의 방식을 인정하지 않는 것이다. 나는 부모와 자식 간의 골을 피하고 싶었다. 몇몇 원칙을 세웠다.

- 혈육이 아닌 의지가 우선이다.
- 단순 위임이 아닌 책임이 우선이다.
- 약속이 아닌 실천을 중요하게 여겨야 한다.

 세 가지를 지킬 때, 비로소 온전한 사업을 넘기기로 했다.
 그만두겠다고 말한 아들은 다시 가업을 잇기 위해 회사로 돌아왔다. 이전과 달리 단단한 결의가 보였다. 스스로 몇 가지 느낀 점이 있는 것 같았는데 묻지 않았다. 과거는 아무래도 좋다. 지금부터 어떻게 해나가는지 볼 생각이었다. 나는 아들의 회사 생활을 유심히 봤다. 남들보다 얼마나 일찍 출근하는지, 누가 보지 않아도 열심히 움직이는지, 문제를 발견하면 자기 이름으로 해결하는지, 고객의 불편을 해결하기 위해 밤잠을 설치며 고생하는지. 사장이 갖춰야 할 태도를 살폈다.
 하루는, 저녁에 식탁에 앉아 긴 이야기를 나눴다. 나는 조심스럽게 말했다.

"여기서 배워야 할 것은 일이 아니라 책임이다."

아들은 고개를 끄덕였다. 내 생각은 분명했다. 관계를 훼손하며 가업을 지킬 필요는 없다. 가업도 가업이지만, 혈육을 끊을 생각은 아니었으니까. 매일 하루를 정리하며 아들의 행동을 상기했다.

"아들은 스스로 뛰고 있는가?"

뛰고 있다면 기꺼이 손에 기업의 바통을 쥐여 줄 것이고, 아직 준비가 덜 되었다면, 잠깐 쉬며 호흡을 맞춰줄 생각이다.
  이 책은 자녀에게 차마 말하지 못한 내용을 담았다. 자꾸 가르치려고 하면 튕겨져 나가기 때문에, 책으로 쓴 이유도 있다. 또한 비슷하게 앞으로 삶을 경영하고자 하는 이들에게도 도움이 되었으면 한다. 나의 모든 의견에 동의하지 않을 것은 안다. 하지만 삶이 힘들 때 한 문장이라도 도움이 되길 바란다.

김관택

인생 경영을 위한 기본

마음이 삶의 방향을 만든다 25

태도가 답이다 31

놀아야 성공한다 37

건강한 사람만이 더 높이 올라간다 43

자신의 모습을 관찰하라 48

스스로를 깔끔하게 관리하라 53

시작하고 실천하기 56

관계를 위한 기본

관계는 미소로 만든다 65

배워서 나눈 것은 분명 돌아온다 69

호의는 사소한 관심에서 시작한다 73

작은 보고라도 자주하라 77

착한 사람에게 외상 주지 마라 83

인맥은 내가 보인 태도의 집합이다 89

신뢰는 남보다 내가 먼저 쌓아야 한다 93

신용은 계약서 밖에서 자란다 99

원칙과 호의를 구별하라 105

다른 세대와 유연한 관계 맺기 110

성장을 위한 기본

당연한 것을 다시 생각하자	116
여전히 영어는 필수다	122
배움은 노동이다	127
미루기보다 개선이 낫다	133
지금이 기회다	137
모방은 부끄러운 것이 아니다	143
성장하고 싶다면 시스템을 설계하라	147
멘토를 만나라	155

성공을 위한 기본

저렴한 게 답은 아니다	162
경험이 자산이다	167
기본이 실력이다	171
혼자 해결하지 말고 전문가를 만나라	175
숫자에 관심을 가져라	179
회계는 경영의 언어다	183
생각이 많으면 산행을 하라	187
기본적인 유머 감각을 길러라	191
타인과 대화는 준비해야 한다	195
부동산은 정보 해석 싸움이다	199
자신을 브랜드로 만들라	203

경영자란 삶을 고민하는 사람이다.
숫자에만 매몰되어 돈만을 좇는 사람이 아니다.
어떻게 하면 다른 사람과
풍요로운 삶을 만들 수 있을지
현장에서 고민하는 사람이다.
그런 의미에서 우리는 모두 경영자다.

경영은 태도로 완성된다.
삶을 어떤 태도로 사느냐와 맞닿아 있다.
회사를 경영하듯
삶을 경영하라.

프롤로그

자식에게 승계하지 말아라

아이가 두 살 남짓이던 때였다. 생일 케이크 위에서 아른거리던 촛불이 아이의 시선을 단숨에 사로잡았다.

"뜨거우니 만지면 다친다."

경고를 몇 차례 들려주었지만, 아이는 마치 중력에 끌리듯 작은 손을 뻗었다. 불이 무엇인지 확인하고야 말겠다는 원초적 호기심 앞에서 다른 관심사는 힘을 잃었다. 케이크의 단맛, 생일을 축하한다는 신나는 노래보다 불꽃은 강렬했다. 끝내 손끝에 불꽃이 닿았고, 순간 울음이 터졌다. 놀람과 아픔, 세상에 대한 두려움 같은 감정이 뒤섞였을 것이다.

어떤 삶의 진리는 이렇게 날카로운 직접 경험을 통해서만 몸에 새겨진다. 그날 이후 아이는 불을 함부로 만지지 않았다. 내가 장난으로 불꽃을 가까이 가져가도 그 뜨거움을 기억하는지 뒤로 물러섰다. 적절한 고통은, 추상적인 지식을 살아 있는 지혜로 바꾸는 가장 빠른 길이었다.

지혜와 경험은 개인뿐만 아니라 기업에도 똑같이 작동한다. 성공적인 제품 출시 이전에, 수없이 실패한 연구와 폐기된 프로토타입이 있다. 안정적인 재무 뒤에는 손실의 교훈이 숨어 있다. 가업을 잇는 후계자에게 이 '고통을 동반한 깨달음'이 특히 중요하다. 경영학 이론으로는 채울 수 없는 현장의 변수와 위기 속에서 얻는 통찰이 기업의 지속 가능성을 떠받치는 초석이 되기 때문이다. 예컨대 '과도해 보이는' 품질 검수를 원가 절감 명목으로 줄였다가 치명적 결함과 리콜을 겪고서야 비로소 고객 신뢰의 가치를 이해하는 경우가 있다.

세대간의 불통과 오해도 경험이 답인 경우가 있다. 전쟁과 궁핍을 통과하며 생존을 우선했던 세대와, 풍요와 디지털 환경에서 자아실현을 중시하는 세대는 같은 언어로 말해도 다른 풍경을 본다. 부모는 "아무리 좋은 말을 해도 듣지 않는다."고 하소연하고, 자식은 "고리타분한 잔소리."라며 고개를 젓는다. 하지만 시간을 거슬러 올라가 보면 우리 역시 부모의 충고를 흘려들었고, 시행착오를 겪으며 어른이 되었다.

나의 부모님은 잔소리가 적은 편이었다. 내가 공부를 게을리해도 "다음엔 더 잘하면 된다."고 격려했고, 영어사전을 산다는 명목으로 두세 번이나 돈을 청해도 묻지 않고 건네주셨다. 영어사전을 살 돈으로 몇 번 간식거리를 사 먹거나, 친구들과 돈을 쓰며 놀았다. 어머니께서 아버지께 말씀하셨다.

"관택이 좀 혼내봐요. 벌써 몇 번이나 돈을 가져다가 썼잖아요."

"아들이 필요하다는데 그래도 줘야지? 스스로 깨닫는 게 있겠지. 다음에 더 잘하면 돼."

하고 웃어넘기셨다. 당시에는 혼나지 않아, 안도하고 아버지께 감사했지만 내가 부모가 되어 보니 아버지께서 왜 그러셨는지 알겠다. 나도 아들이 잘못하면 화가 난다. 하지만 바로 혼내는 것이 늘 답은 아니었다. 작은 손실을 감수하고라도 스스로의 양심과 책임을 배우게 하려는 믿음이 아버지의 말씀에 숨어 있었다. 당장의 잘못을 깨닫게 하기보다 자존감과 주체성을 지켜주는 편이 성장에 이롭다는 판단을 하셨다. 나는 양심의 가책, 그리고 누군가가 어떠한 명목으로 돈을 주었을 때, 그 일을 해내야 한다는 책임감을 배웠다.

본질은 변하지 않는다.

아흔여덟이신 어머니는 여전히 나에게, 그리고 손자들에게 끊임없이 잔소리를 하신다. 아버지와 성향도 다르실 뿐 아니라, 사랑이 많으셔서 자녀와 손자가 더 잘 되었으면 좋겠다고 늘 생각하신다. 결혼을 앞둔 스물여덟 살 손자에게는 신부 집안에 지켜야 할 예절부터, 신혼집 살림살이 준비에 이르기까지, 경험에서 우러나온 모든 것을 세세하게 일러 주셨다. 아버지께서 스스로 깨닫는 교육을 택하신 것처럼, 어머니께서는 정신적 유산을 직접 물려주기를 원하셨다. 무엇이 옳고 먼저라고 말할 수는 없다. 평생을 바쳐 기업을 일궈낸 창업주 역시 비슷한 마인드를 가진다. 두 분의 교육 스타일을 물려받은 나는 두 분의 장점을 따라 아들을 지도 한다.

역사는 반복되고 본질은 잘 변하지 않는다. '요즘 젊은이들은 버릇이 없다.'는 푸념은 고대 수메르 문헌에서도 발견된다고들 말한다. 아리스토텔레스도, 조지 오웰도 비슷한 이야기를 했다. 인류 역사상 위대한 인물로 추앙받는 케네디, 헤밍웨이, 에디슨, 록펠러 등 수많은 이들 또한 자식 문제로 고뇌했다. 국회의원 선거철만 되면 자녀 문제로 끙끙 앓는 국회의원들도 본다. 세대간에 가르치고 배울 때 발생하는 마찰은 지금이나 옛날이나 똑같다.

경험하게 하라

야생 동물은 더욱 냉정하고 가혹한 방식으로 자식에게 교육한다. 어미 독수리는 새끼들이 어느 정도 자라면 둥지에서 밀어버린다. 그러면 어린 독수리는 퍼덕거리며 떨어진다. 떨어지는 경험 없이 나는 법을 배울 수는 없다. 하지만 떨어져 보는 편이 낫다. 날지 못하는 독수리는 떨어지는 경험보다 더 혹독한 현실을 마주하게 된다. 독수리는 가혹한 방식 없이는 종족 전체가 생존할 수 없음을 본능적으로 알고 있을 것이다.

부모로서 자식이 고통받는 모습을 지켜보는 것은 물론 가슴 아픈 일이다. 가르쳐서 이해하고 고통을 회피하면 좋겠지만, 고통을 통해 얻는 이득도 있다. 삶의 수많은 어려움과 역경에 맞설 수 있는 강한 정신력과 회복탄력성을 길러준다. 고통은 우리를 더욱 단단하게 만들고, 역경은 우리가 지켜야 할 본질적인 가치를 재고하게 만든다. 위대한 기업은 실패를 학습의 기회로 삼고, 위기 속에서 오히려 새로운 성장의 동력을 찾아낸다. 실패했을 때, 성공하는 사람은 방법을 찾고, 낙오하는 사람은 변명만 찾는다.

가업 승계와 교육을 같이하는 일은 특히 복잡하다. 기업의 평판, 직원들의 삶, 사회적 책임이 '사랑스러운' 자녀에게 겹쳐진다. 도와주고 싶고, 보살펴주고 싶지만, 자녀는 '엄정한 잣대가 요구되는 경영자'가 되어야 한다. 이 예측 불가한 사업의 세계에서 2세 경영인은 배우고, 적응하고, 때로는 넘어지며 자기 길을 찾아야 한다. 야생의 어미 독수리가 새끼를 둥지 밖으로 밀어내 날게 하듯, 고통을 통해 몸에 새기는 배움 없이는 높이 날 수는 없다. 부모에게 그것은 잔인한 선택처럼 보일지 몰라도, 결국 자식의 회복탄력성을 길러 주는 사랑의 또 다른 얼굴이다.

나는 수많은 시행착오를 겪었다. 미리 알았다면 피할 수 있었을 실수들, 누군가 진심으로 일러주었다면 더 일찍 깨달을 수 있었던 점들을 뒤늦게 정리했다. 한 사람의 경험이 모두에게 통하는 정답일 수는 없지만, 적어도 다음 세대가 선택의 폭을 넓히고 오차의 범위를 줄이는 데 작은 나침반쯤은 될 수 있겠다는 마음으로 펜을 들었다.

삶은 늘 불확실성과 함께한다. 그래서 더더욱 원칙과 배움이 필요하다. 직접 겪어 몸에 새겨진 깨달음, 기꺼이 듣고 배우려는 태도, 그리고 실패를 수업료로 환산하는 담대함—이 세 가지가 개인과 기업을 단단하게 만든다.

1장

인생 경영을 위한 기본

마음이 삶의 방향을 만든다

네가 어디로 가는지 모른다면, 문제는 길이 아니라 네 마음의 나침반이다. 오늘 하루를 무엇을 위해 쓰겠는지 한 줄로 적지 못하면, 방황과 다름 없다.

나는 출장을 갈 때마다 비행기 안에서 늘 책 한두 권을 꺼내 든다. 보통 두세 시간 안에 편안하게 읽을 수 있는 책을 선택하는 편이다. 지상에서는 수시로 울리는 전화벨 소리나 카카오톡 알림에 집중력이 흩어지기 일쑤지만, 하늘 위 고립된 공간에서 온전히 책에 몰입할 수 있다. 비행기는 몰입하기 적격이다.

한 번에 힘든 일이 터진 적이 있다. 매출은 줄었고, 무릎은 아팠고, 계획했던 아들의 해외 여행도 무산되었다. 무언가 막혀 있어서 제대로 되는 일이 없었다. 일체유심조(화엄경의 핵심 사상으로 모든 것은 마음에 기인한다는 뜻)라는 단어를 마음 속에 새기고 살지만, 어려움이 생기면 금방 이 말을 잊고 신세 한탄을 한다. 아는 것과 행동하는 것의 거리를 체감한다. 일체유심조를 처음 말한 사람도 경험하고 문장을 만들었겠지만, 내 경험은 아니었다. 믿음만으로 현실이 바뀐다는 말은 과장처럼 느껴졌다. 평소에도 조심성 있고 비판적으로 세상을 바라보기 때문도 있다. 그러나 불안하고 무언가 안 풀리면 뭐라도 잡고 싶은 것이 사람의 마음이다.

출장길 비행기에서 《더 시크릿》을 두 번 읽었다. 냉정하게 말해 책의 내용은 쉬웠다. 이게 맞는 말일까 의심했지만, 간섭이 없으니 문장이 머릿속에서 또렷하게 박혔다. 책을 덮고 나서 창밖의 구름을 한참 동안 멍하니 바라보았다. '진짜 어려움을 극복할 수 있나?' 마음이 세계를 만든다니. 너무 허무맹랑하지 않은가?

"한 달만, 믿어 볼까?"

실험해 보기로 했다. 마음과 몸의 인과 관계를 직접 경험해보기로 했다. 썩은 동아줄인지 단단한 줄인지 경험해 보기 전에 어떻게 알까?

착륙하자마자 나는 목표 10가지를 적어 인쇄해 휴대전화, 컴퓨터, 안방 문에 붙였다. 핸드폰과 컴퓨터 바탕화면은 물론, 매일 아침 마주하는 안방 문과 욕실 거울에까지 붙여두고 수시로 읽으며 그 내용이 이뤄지는 순간을 상상했다. 밤마다 그 앞에 서서 현재형으로 읊었다.

"이미 이루어졌다. 이미 이루어졌다. 이미 이루어졌다."

혼잣말을 되뇌었다. 반복하자 장면이 조금씩 머릿속에 그려졌다.

얼마나 생각을 많이 했으면 어느 날은 꿈에서도 목표가 이루어지는 장면이 나타났다. 영어 공부를 열심히 하면 꿈을 영어로 꾼다고 하는데, 비슷한 경험이었다. 심리학에서는 '점화 효과$^{(Priming\ Effect)}$'라고 한다. 특정 개념에 반복적으로 노출되면, 이후의 생각이나 행동이 그 영향을 받는다는 원리다. 나는 의식적으로 내 뇌에 '성공'과 '성취'라는 단어를 끊임없이 점화시켰다. 의심이 사라진 것은 아니지만, 그래도 목표를 정교하게 다듬고 구체적으로 상상했다. 기업가의 정신이라는 것은 모름지기 도전, 실험 그리고 증명이니까.

매출 상승이 급선무였다. 불경기 속에서 매출이 움직이지 않았다. 그래도 성공을 상상했다. 통장에 목표 금액이 찍힌 것을 확인하는 순간의 기쁨, 직원들에게 보너스를 지급하며 함께 축하하는 장면 등을 오감으로 느끼려 애썼다. 12월이 가까워지자 더 초조해졌다. 이대로 이번 연도를 마감해야 할까?

"대표님 이것 좀 보세요. 주문이 엄청난데요?"

가끔 거래하던 업체에서 평소의 50배 주문이 들어왔다는 보고가 올라왔다. 나는 웃으며 넘겼다. 꿈이라고 생각했다. 혹여 발주를 넣는 사람이 숫자를 잘못 넣었을 수도 있다.

"착오일 거야. 받아들일지 모르겠지만 선수금 50%를 요구해 보자."

매일 마음속으로 매출이 상승하리라 되뇌었지만, 실제로 일어날 것이라고 생각하지 않았다. '마음 속의 생각으로 인해 50배나 많은 발주량이 들어온다고? 말도 안 되지.' 하지만 입금 알림이 바로 왔다. 뒤늦게 그들은 자신이 대기업임을 밝혔다. 우리 회사의 성실함과 실력을 오래 조사해 왔다고 했다. 말도 안돼!

여전히 믿지 못했다. 건강도 목표였기에 두 번째 실험을 했다. 무릎 통증이 갑자기 생겨 즐겨 하던 등산을 포기해야 했다. 1년 가까이 병원을 전전했지만 호전이 미미했다. 포기할까 했지만 나는 '이미 다 나았다.'라고 마음속으로 생각했다. '병마저 치료할 수 있을까?' 이런 생각을 하는 내가 하도 어이없어서 웃음이 새어 나왔다.

하루는 공원에서 산책을 하다가 어떤 사람을 만났다. 그 사람도 자신의 무릎이 아팠다고 하며, 자신의 경험을 들려주었다. 나에게 민간요법을 알려주었는데, 워낙 의심이 많아서 그냥 바로 실행하지는 않았다. 관련 정보를 인터넷에서 찾아보며 치료와 가벼운 운동을 함께 이어갔다. 근육이 서서히 회복했고 통증의 빈도와 세기가 줄었다. 나는 다시 산행을 시작했다. 마음을 먹으니 통증에 관한 생각도 달라졌고, 다루는 방식도 달라졌다. 마법처럼 순식간에 낫는 것은 아니었다. 그렇게 낫는다면 사이비 종교와 다를 바 없으니까.

> **우리를 흔드는 것은 사물이 아니라,
> 사물에 대한 우리의 판단이다.**
>
> 에픽테토스

마지막 실험은 아들을 대상으로 했다. 처음은 매출이었고, 다음은 건강이었다. 그다음은 더 나아가 나의 마음이 타인에게 어떻게 영향을 끼칠지 실험하는 것이었다. 이 정도면 인과 관계가 없다고 하지는 못할 것이다.

아들의 해외여행 계획이 실패했다. 아들을 돕고 싶었다. '아들은 이미 해외에 있다.'라고 되뇌었다. 두 번 정도 경험하고 나니 아들의 해외 경험에 대해서는 단단하게 마음먹을 수 있었다.

"아빠! 나 해외 다녀올게!"

갑자기 아들에게 전화가 왔다. 아들에게 자초지정을 들어보니 교환학생으로 선발되었다고 말했다. 미리 약속받았던 해외 지사 인턴은 취소되었지만, 다른 길이 열렸다. 교환 학생으로 가기 전에 먼저 배낭을 메고 여행을 떠났다.

실패는 단지 경로를 바꾸라는 신호일뿐이다. 나도 그렇지만 대부분의 사람은 한 길이 막히면 이젠 모든 게 끝났다고 생각한다. 아니다. 다른 길이 있을 수 있다. 《더 시크릿》이 말하는 '우주가 너를 돕기위해 기다린다.'는 것은 아직 믿기 어렵지만, 마음 먹기에 따라 삶이 변하는 것은 인정한다. 나의 경험에 따르면 마음을 먹으면 실패해도 포기하지 않게 되고, 어떻게든 삶에서 힌트를 얻으려 노력하게 된다. 마르쿠스 아우렐리우스는 "영혼은 자기 생각의 색으로 물든다."라고 말했다. 실패를 생각하는 사람은 실패에 익숙하게 되고 성공을 생각하는 사람은 성공에 익숙해진다. 매일의 생각을 점검할 필요가 있다.

《더 시크릿》은 내게 마법이나 미래를 약속한 책이 아니었다. 단지 현실에서 태도를 정비하게 했다. 목표를 쓰고, 그 목표를 미래가 아닌 현재형으로 읽고, 때로는 과감한 조건을 제시하고, 치료를 지속하고, 운동화를 묶고 달리게 만들었다. 이런 반복이 내 삶을 조금씩 바꾸었다. 의심은 여전하지만 마음의 작동하는 방식은 알겠다.

"믿고, 생각하고, 행동한다."

돛의 각도를 1도만 바꾸어도 항로는 달라진다. 마음이 만드는 세계라는 것은 바뀐 항로를 통해, 보이지 않은 수평선 너머의 대륙을 보는 일이다.

태도가 답이다

"상황 탓을 하는 순간, 너는 네 자유를 반납한 거다. 일이 마음에 안 들면 먼저 표정을 바꾸고, 그다음에 방법을 바꿔라."

군 시절, 제주보다 외진 우도 레이더 기지에 배치되었다. 처음 몇 주는 외로움을 버티는 일만으로 하루를 보냈다. 낙후된 기지가 문제였다. 수도 설비가 갖춰지지 않았다. 빗물을 받아 식수로 사용했고, 그마저 부족하면 웅덩이에 고인 물을 조심스럽게 떠 마셔야 했다. 14명이 근무하는 기지엔 6명 겨우 앉는 식당 겸 취사장이 하나, 석유풍로 두 대, 1미터 남짓한 찬장이 전부였다. 폭풍 경보가 내리면 30명 정원의 소형 배는 뜨지 않았다. 그런 날엔 라면도, 반찬도 없이 밥만 씹어 삼켰다.

나는 군 생활을 특별하게 보내겠다고 스스로 선택했지만, 이 정도의 특별함을 바란 것은 아니었다. 현실은 선택의 대가를 가차 없이 요구했다. 너무 힘들어서 하루는 근무를 서다가 주저앉았다. 주저앉았지만 따로 가능한 일은 없었다. 할 일이 없으니, 마음이라도 먹어야 했다.

"즐기는 것 말고 방도가 없다."

나는 하루의 성취를 적어나가기 시작했다. 20리터 물통 두 개로 설거지를 끝낸 날은 성취 쪽에 적었다. 폭풍주의보로 며칠을 버틸 땐, 불편이라고 적고, "버텨. 오늘은 지나간다."라고 적었다. 버티는 것 외에 따로 할 수 있는 일은 없었다. 마음의 방향을 바꾸자, 몸이 따라 움직였다. 내 국방부 시계는 멈춘 것처럼 느껴졌지만, 시간은 흘렀고, 그 시간은 결국 내 삶에서 가장 값진 훈련이 되었다.

제대 후에도 삶은 나를 시험했다. 미국과 한국을 오가며 여러 사업을 벌였지만, 번번이 예상치 못한 난관에 부딪혔다. 자금 부족으로 인한 위기를 겪기도 했고, 믿었던 동업자의 배반이나, 직원의 실수로 고객들에게 막대한 손해배상을 해주고 회사를 접어야 했던 쓰라린 경험도 있다. 야심 차게 개발한 신제품의 결함으로 인해 고객들의 거센 항의에 직면하고, 막대한 손실을 감수해야 했던 적도 있다. 좌절과 절망에 휩싸여 모든 것을 포기하고 싶었던 순간도 여러 번 있었지만, 나는 희망의 끈을 놓지 않았다. 실패와 좌절에 굴하지 않고 다시 일어서는 나의 모습을 상상하며 긍정적인 마음과 태도를 유지하려 애썼다.

"내 삶의 태도는 내가 정한다."

내가 정할 수 있는 것은 태도뿐이었다. 다른 사람의 마음을 움직일 수도 없고, 돈이 들어오라고 고사를 지낸다고 부자가 되지도 않았다. "행복은 마음먹기에 달렸다.", "간절히 원하면 이루어진다."와 같은 말은 이제 너무 익숙하게 들린다. 하지만 긍정적인 마음이 실제로 현실을 변화시키는 힘을 발휘한다는 것을 믿는 사람은 과연 얼마나 될까?

나는 미래의 내가 현재를 회상하며 말하는 장면을 머릿속에 그렸다. 목표를 적었고, 하루의 우선순위를 다시 짰다. 오늘 한 가지를 끝내면 내일 한 가지가 가능해졌다. 무너질 듯 버티던 시기는 그렇게 조금씩 모양을 바꾸었다.

나는 '버킷리스트' 대신 '리얼리티 리스트(Reality List)'를 만들었다. 해야 할 것이 아니라 이미 이루어진 일이라 생각했다. 1년, 5년, 10년, 20년 뒤의 나를 현재형으로 적었다. "나는 부채를 모두 정리한다." "나는 제품 결함률을 절반으로 낮춘다." "나는 건강한 무릎으로 산길을 걷는다." 리스트는 휴대전화 화면, PC 바탕화면, 책상 앞에 붙어 있었다. 하루 세 번 소리 내어 읽었다. "이미 이루어졌다."라고 현재형으로 읽었다. 나는 긍정의 만능주의를 믿지 않았다. 긍정적인 태도는 결과의 청사진을 바꿨다.

리얼리티 리스트를 만드는 법은 단순했다.

- 1·5·10·20년 뒤의 장면을 현재형 한 문장으로 주기를 나눠 쓴다.
- 보이는 곳에 둔다. 휴대전화, PC, 책상 앞. 하루 세 번 읽는다.
- 하루 한 걸음을 붙인다. 문장마다 오늘 할 수 있는 최소 행동을 한 줄로 덧붙인다.
- 점검한다. 주 1회, 지워진 문장과 남은 문장을 다시 정렬한다.

리얼리티 리스트를 작성했다면, 매일 시간을 내어 리스트를 읽고, 목표를 달성한 자신의 모습을 상상하는 시간을 가져야 한다. 리스트를 눈에 잘 띄는 곳에 붙여두고 수시로 확인하는 것도 좋은 방법이다. 잠자리에 들기 전이나 아침에 일어나자마자 리스트를 읽고 상상하는 시간을 가지면, 긍정적인 에너지를 하루 종일 유지하는 데 도움이 된다. 이 방식의 핵심은 믿음 자체가 아니라 행동의 리듬을 바꾸는 것이었다. "1등이 되겠다."라고 새기면, 스스로를 1등처럼 관리하고 행동하려는 마음가짐이 생겼다. 작은 선택의 누적이 곧 태도가 되었다.

《더 시크릿》이 강조한 "이루어진 것처럼 행동하라."는 조언은 내 일상에서 "오늘, 미래의 자신처럼 행동해라."라는 뜻이다. 이뤄지지 않은 가능성으로써 미래와 현실의 차이는 여러 가지가 있겠지만, 행동도 그중 하나이다. 부자가 될 사람은 돈을 아끼고(부자가 되어 낭비하라는 말은 아니다. 부자 중 근검절약하는 사람이 훨씬 많다.), 사장이 되고 싶은 사람은 사장처럼 책임감을 가지고 행동하면 된다. 거창한 말은 아니다. 너무 쉬운 사실이다. 사장처럼 책임감 있게 행동하는 직원을 미워할 상사가 누가 있을까?

돌아보면, 나는 남들과 다른 군 생활을 보냈다기보다, 현실에서 태도를 연습하지 않았는지 생각한다. 외딴 기지의 결핍은 나의 태도를 조용히 단련시켰고, 이후의 위기들은 그 태도를 유지할 수 있는지 증명하라고 요구했다. 순간마다 1도 정도 방향을 바꾸었다. 그 1도는 태도이고, 태도가 결국 결과의 방향을 만든다. 지금은 1도가 아주 작은 것 같지만, 1도만 바꾸어도 나중에 벌어지는 격차는 거대해진다. 큰 격차를 만들어낼 태도로 1도면 충분하다.

어른은 놀이가 더 이상 필요 없는 나이가 아니라,
놀이의 가치를 잊어버린 사람이다.

An adult is not someone
who no longer needs play,
but someone who has forgotten
the value of play.

요한 하위징아

놀아야 성공한다

"일만 하다가 감각이 죽으면, 네 사업도 같이 늙는다. 주말 한 번은 의도적으로 '쓸모없어 보이는 시간'에 몸을 던져라."

오랜만에 동창 모임에 나가 학창 시절 친구들을 만나면, 과거의 기대치와는 사뭇 다른 모습에 놀라곤 한다. 학교 다닐 때는 성적이 우열을 가리는 유일한 기준이었기 때문에, '저 친구는 당연히 성공할 서야.' 혹은 '서 친구는 평범하게 살겠지.' 하는 막연한 예측을 하기도 했다.

성공은 더 이상 성적순으로 보장되지 않았다. 도리어 학업 성적이 하위권에 속했거나, 학교에서 크고 작은 문제들을 일으키던 소위 '날라리' 친구들이 사업에 뛰어들어 크게 성공한 경우가 의외로 많았다.

그중에는 서른 살이 채 되기도 전에 제법 큰 규모의 사업체를 일

귀 자가 주택을 장만할 정도로 성공한 친구도 있었다. 고등학교 시절 담배를 피우다 걸리거나 음주로 정학을 당하며 문제아로 낙인찍혔던 한 친구는 졸업 후 수십 개의 점포를 거느린 유명 식당 체인점의 사장이 되기도 했다. 반면, 학창 시절 내내 상위권에 머물며 장학금을 받고 엘리트 코스를 밟아 앞날이 탄탄대로일 것이라 여겨졌던 친구 중에는 대기업이나 공기업에 취직해 평범한 직장인으로 살아가는 경우가 많았다. 물론 성적이 좋은 친구들이 사회적으로도 크게 성공하는 때도 많지만, 동창회에서 마주한 친구들의 모습은 학창 시절의 성적에 따라 성공했다고 하기엔 부족했다.

"대체 뭐가 달랐지? 왜 친구들이 성적과 상관없이 이렇게 되었지?"

그날 이후로 나는 성적 대신 다른 원인을 살펴보기 시작했다. '뛰는 놈 위에 나는 놈'이 아니라, '나는 놈 위의 뛰는 놈을 보았다.' 처음엔 반발심이 들었다. '그럴 리가 없다.' 내 세대는 놀이는 사치로 배웠기 때문이다. "놀면 뒤처진다."라는 목소리가 오래 내 등을 밀었다. 그런데 동료들을 유심히 관찰하며 마음이 흔들렸다. 잘 노는 사람일수록 경직되지는 않았다. 유연하고 결정은 빨랐다. 운동과 음악, 취미와 여행이 그들의 문장과 사업 아이디어를 통통 튀게 만들었다.

회사에서 영업 실적이 뛰어난 직원을 보면 의외로 체육 대학 출신이 많았다. 사회에서도 체육 전공자 중 사업을 잘하는 이들을 흔히 볼 수 있다. 운동을 잘하는 것을 넘어, 팀워크, 끈기, 승부욕, 그리고 무엇보다 강한 사회성과 긍정적인 에너지를 가지고 있다. 체육 전공 학생들은 다른 전공 학생들보다 더 창의적이고 적극적으로 업무에 임하는 경우가 많은데, 아마도 그들이 '노는 것' 또한 더 잘하기 때문일지도 모른다. 놀이는 틀에 박힌 사고방식에서 벗어나 자유롭게 사고하고, 다양한 사람들과 교류하며, 예상치 못한 문제에 대한 유연한 해결책을 찾는 데 능통했다.

10여 년 전쯤 김정운 교수는 잘 노는 것은 창의력이 되고 경쟁력은 거기서 나온다고 말했다.

"이제는 일이 문제가 아니라 어떻게 하면 잘 노느냐가 중요합니다. 한국 사람들이 일하는 것은 세계 최고 수준입니다. 그러나 장기적으로 지구력이 필요한 것, 또 창의성이 요구되는 부문에서는 우리는 아직 선진국들에 많이 뒤지고 있습니다. 그 원인은 우리가 잘 놀지 못하고 있기 때문입니다."

놀이는 고도로 높은 인지 능력을 요구한다. 단순히 시간을 보내는 행위가 아니라, 문제 해결 능력, 상상력, 의사소통 및 협력 능력, 감성 지능 등을 종합적으로 발휘하는 과정이다. 잘 노는 사람일수록 운동, 음악, 미술 등 다양한 분야에 능하고, 다른 사람들과 교류를 통해 열린 사고방식과 긍정적인 사회성을 기른다. 그들은 시험 점수만을 위해 책상에 파묻혔던 사람들보다 놀이를 통해 세상을 배우고, 사람을 만나고, 여행하며 폭넓은 경험을 축적한다. 놀이 경험은 틀에 박힌 사고방식에서 벗어나 새로운 아이디어를 창출하고, 변화에 유연하게 대처하는 능력을 길러준다. 놀이는 단순한 시간 보내기가 아닌, 자기 계발의 중요한 과정이다.

지금 대한민국의 노는 문화는 한류가 된 것이고 노는 문화가 확산되어 선진국 위치에 온 것 같다. 집에서 구박받으며 게임에 왜 빠져있던 사람이 이렇게 환영받을 줄 누가 알았을까? 옛날에는 한국에서 아인슈타인이 태어나면 세계적인 과학자가 되지 못했을 것이라는 이야기가 돌았다. 지금 한국은 생각보다 유연하다. 아인슈타인은 몰라도 마이클 잭슨이 태어나면 다시 마이클 잭슨이 될 수 있을 것 같다. 세계 속에서 확산하고 있는 한류의 성장은 우리나라가 문화 대국으로 세계인에게 환영받고 있다.

지금의 50-60대 이상 세대는 노는 것에 익숙하지 않다. 시간과 돈이 없어서 놀지 못한다는 이유도 있지만 사실 시간과 돈이 있어도 노는 방법을 몰라 많은 시간을 허비했다. 그 세대는 노는 것을 배우지 않았고 경제적이나 사회적 기회도 많지 않았다. 당장 먹고살기 위해 최선을 다했고, 부모와 자식을 위해 살아왔다. 오로지 열심히 일하고 공부하는 것이 최고이자 최선이라 생각했기 때문에 노는 것에 거부감이 생겼다. 그 시대 그 환경에서는 어쩔 수 없는 선택이었다. 틀린 것은 아니다.

나는 '노는 법'을 배우기로 했다. 시간을 떼어 두고, 일을 미루지 않기 위해 오히려 일정을 먼저 비웠다. 사람을 만나고, 몸을 움직이고, 익숙하지 않은 것을 배우는 시간을 꾸준히 넣었다. 효과는 과장되지 않았지만 분명했다. 아이디어가 자주 떠올랐고, 영업 대화가 자연스러워졌고, 위기에서도 버티는 힘이 길어졌다. 가끔 노는 것에 죄책감이 들면 "이건 낭비가 아니라 훈련이야."라고 나는 스스로에게 되뇌었다.

성숙이란, 아이가 놀이에 임하던 그 진지함을 다시 얻는 일이다.
프리드리히 니체

놀이는 가벼움이 아니라 진지함의 다른 얼굴이었다. 또 하나의 문장이 내 등을 밀었다. 요한 하위징아는 《호모 루덴스》라는 책에서 그는 놀이는 문화보다 먼저라고 말했다. 놀이가 먼저였고, 그 위에 일이, 제도와 규칙이 세워졌다는 뜻이었다. 어린아이들을 생각해 보면 놀면서 역할을 배운다. 부모의 역할을 배우고, 의사, 대통령 등의 직무에 대해 학습한다. 가끔 갓난아이와 괴물 놀이를 하면 아이는 그 괴물이 실세라고 생각해 잡히면 눈물을 보이곤 한다. 놀이 안에서 현실이 자리잡아 간다. 그리고 그 안에서 새로운 아이디어를 발견하기도 한다. 잘 노는 사람은 규칙의 경계를 자연스럽게 더듬고, 그 경계 바깥에서 새로운 길을 상상한다.

놀이는 엔진의 윤활유다. 윤활유가 마르면 기계는 멈추듯, 놀이가 마르면 생각은 금세 과열되거나 굳어졌다. 잘 논다는 건 시간을 낭비하는 게 아니라, 창의와 지구력을 유지하는 보수 방법이었다. 동창들의 차이는 이 보이지 않는 유지 보수의 빈도에서 갈렸는지도 모른다.

  능력뿐 아니라 오늘의 행복과 기분을 다루는데도 놀이는 필수다. 대니얼 카너먼은 "내 하루의 삶 속에서 기분 좋은 시간이 길면 행복한 사람"이라고 했다. 여기서 '기분 좋다'는 기준은 사람마다 다양하겠지만, 대개는 일이 아닌 '놀이'에서 오는 즐거움과 만족감에서 비롯될 것이다. 일하며 즐거운 사람은 비교적 적다. 최근에는 "잘 노는 것이 경쟁력" 혹은 "노는 만큼 성공한다."라는 제목의 책들이 쏟아져 나올 만큼, 놀이의 중요성이 사회 전반에서 주목받고 있다. 물론 사람마다 행복과 성공의 기준은 다르지만, 잘 놀면서 자기 삶이 불행하다고 느끼는 사람은 없을 것 같다.

  동창회를 돌아보면 이렇다. 성적은 출발선의 신호였을 뿐, 차이를 만드는 것은 노는 힘이었다. 나는 여전히 내 귀에 대고 말한다. "오늘도 논다. 일은 더 잘된다." 당신은 어떠했는가. 오늘, 당신의 일정표 어디에 놀이의 칸을 비워 둘 것인가.

건강한 사람만이 더 높이 올라간다

"몸을 막 쓰면서 인생을 잘 살겠다는 건, 녹슨 도끼로 숲을 베겠다는 거다. 야근 한 번 줄이고, 수면과 운동을 회의 일정처럼 캘린더에 넣어라."

오랜 지인인 S 대표는 삼십 대 초반부터 사업을 시작하여 매우 빠른 속도로 회사를 성장시켰다. 그는 잠자는 시간마저 아껴 일하는 열성적인 경영자였다. 과도한 업무와 끊임없는 스트레스, 불규칙한 식사는 그의 건강을 조금씩 갉아먹기 시작했다. 사십 대 초반부터 위암, 간암, 고혈압, 신장암 등 여러 질병이 마치 약속이라도 한 듯 연이어 그를 찾아왔다. 죽음의 문턱에 이르렀다가 다시 돌아오기를 반복했다. 한 가지 병을 힘겹게 치료하고 나면 또 다른 합병증이 생겨났고, 기나긴 투병 생활은 그를 육체적으로나 정신적으로나 지치게 했다. 회사 경영은 위기에 처했고, 그의 부재는 임직원들에게도 큰 불안감을 안겨주었다.

 S 대표는 절망 속에서도 포기하지 않았다. 각고의 노력을 통해 서서히 건강을 회복했다. 이후 그의 삶의 방식은 완전히 바뀌었다. 그는 건강을 최우선 가치로 두기 시작했다. 그의 사업 철학에도 큰 영향을 미쳤다. 단순히 돈을 버는 것을 넘어, 건강한 몸과 마음으로 삶의 가치를 창출하는 것이 진정한 성공이라고 늘 말하고 다닌다.

 "건강이 먼저다. 그렇지 않으면 일도 행복도 사라진다."

 나도 예외는 아니었다. 운동을 미루고 과로가 쌓였다. 사십이 넘으며 불규칙한 식사, 늘어진 잠, 끝없는 스트레스가 누적되었다. 몸은 신호를 계속 보냈다. 너무 힘들어서 병원을 찾았지만 "원래 회복에는 시간이 걸린다."는 답변만 들었다. 내 몸은 내가 지켜야 한다.

 몸도 경영도 기본부터다. 걷기부터 다시 시작했다. 통증을 달래며 호흡을 맞추었고, 일주일에 한 번은 경사도를 올렸다. 식탁에선 단 것과 인스턴트를 치우고, 채소와 단백질, 물을 늘렸다. 퇴근 후 TV 거실 한쪽에 운동기기들을 두고 뉴스가 끝날 때까지 몸을 움직였다. 출장을 가면 도착 즉시 호텔 헬스장을 확인했다.

 두려움과 게으름이 번갈아 올라왔다. 몸을 회복하지 못할 것이라는 두려움과 오늘은 쉬고 싶다는 게으름. 나는 이럴 때 몸은 몸일 뿐 의지를 막지 못한다라고 되뇐다.

 아픈 몸이 내 계획을 바꾸게 할 수는 있어도, 태도까지 포기하게 둘 수는 없었다. 정말로 심하게 아프면 어쩔 수 없겠지만, 길을 가로 막는 장애물에도 길은 언제나 있다.

빅터 프랑클은 아우슈비츠 수용소에서 살아 남았다. 아우슈비츠는 나치의 유대인 수용소로 악명 높았다. 이 악명 높은 수용소에서 살아 남는 유대인은 아주 일부였다. 모두가 이름이 아닌 수감 번호로 불렸고, 학대와 욕설을 들었다. 최악의 경우에는 가스실로 끌려가 죽임을 당했다. 하지만 빅터 프랑클은 이 환경에서 살아남았고, 극한의 고통 속에서도 자신의 삶에 대한 태도는 자신이 결정한다고 이야기했다. 그리고 그 태도를 통해 만들어낸 삶의 의미가 빅터 프랑클을 아우슈비츠에서 살아남게 했다.

몸이 굉장히 안 좋았지만, 스스로 움직이기 몇 달. 변화가 눈에 보였다. 수면이 깊어졌고, 짜증이 줄었다. 이후부터 건강은 정말 복리처럼 삶의 활력을 가져다주었다. 회의에서 말이 간결해졌고, 전시를 위한 해외 출장의 시차 적응도 짧게 넘어갔다. 주말 산행을 재개했고, 만 보 걷기를 해도 지치지 않았다. TV 앞 소파는 더 이상 내 자리가 아니었다. 이제는 출장지 호텔에 헬스장이 없으면 근처 공원을 찾았다. 작은 태도, 그리고 태도의 누적이 삶의 활력을 찾아 주었다.

건강은 복리로 불어나는 계좌다. 매일의 소액 입금(수면·식사·운동)이 이자를 낳았고, 며칠 방심하면 원금이 깎이듯 몸이 힘들어진다. 돈으로 대신 납부할 수 없는 계좌. 누구도 대납해 줄 수 없는 잔고. 사업이 잘돼도 건강이라는 계좌가 마이너스면, 결국 일도 삶도 고비를 맞이한다. 나는 해외에서 전시를 많이 하는 편이다. 전시장을 하루 종일 걸어 다닌다. 이럴 때, 자기 체력이 곧 설득력이고, 집중력이 된다.

내 주변에는 꽤 아팠던 친구들이 많다. 아이러니한 것은 아팠던 이들이 오히려 더 건강해졌다. 아팠던 친구들은 회식 자리에서도 자신을 위한 식사를 챙기고, 다음 날을 위해 일찍 일어났다. 그들은 말하곤 했다.

"건강은 남이 대신 관리해 줄 수 없다. 대신 다른 사람과 나눌 수 있을 만큼 전문가가 되면 더 즐겁다."

나도 한 가지 운동을 '남에게 가르칠 수 있을 만큼' 배우기 시작했다. 전문가는 아니어도 설명할 수 있을 만큼. 운동을 하는 나눌수록 이해가 깊어졌고, 즐거움이 커졌다. 젊을 때는 한 달이면 근육이 붙었지만, 예순 무렵엔 한 달을 바쳐도 현상 유지가 쉽지 않았다. 그래서 더욱 태도가 중요했다.

현실은 몇몇의 층위로 구성된다. 아파트가 1층, 2층 .. 최상층으로 구성되듯이 삶도 몇몇 층위가 있다. 1층에 삶의 근본을 이루는 욕구들이 있다면, 2층에는 다른 삶을 지탱하게 해주는 것들이다. 운동이 여기에 속한다. 그리고 3층이 사업이 된다. 하지만 대부분의 일을 열심히 하는 사람들은 사업을 운동보다 우선하는 사람이 많다. 하지만 2층이 바로 서야 3층이 설 수 있다.

대부분의 사람은, 젊은 시절의 나를 포함해, 일을 주요 업무로 두고 운동을 사이드, 해도 되고, 안 해도 되는 것으로 여긴다. 이런 태도는 경계해야 한다. 운동 같은 기본적인 요소가 제대로 작동할수록 눈에 띄지 않는다. 하지만 무너질 때는 다른 삶의 요소들까지 영향을 끼치며 무너진다.

보이지 않는 것들을 바로 세우기 위해 기초를 우선시하자. 삶을 작동시키는 인프라는 눈에 보이지 않는다. 하지만 보이지 않는 것일수록 결정적인 것이 많다. 보이지 않는 기초를 중시하는 태도가 중요하다. 하지만 우리는 드러나는 것에 편향되는 경우가 많다. 즉각적인 보상, 완성을 보이는 지수에 따라 삶을 평가한다. 사업이 아무리 잘돼도 건강을 잃는다면 아쉬움이 남을 것이다(모든 것을 잃은 것이라고 과장하지는 않겠다).

기초를 우선시하기 위해서는 규범을 세워야 한다. 아주 간단하다. 그리고 그 규범을 지키기 위해 노력하면 된다. 규범은 보이지 않는 가치를 지속할 수 있도록 만드는 가시화 전략이다. 앞 장에서 이야기했던 리얼리티 리스트는 목표를 가시화하는 전략이다. 규범을 세우는 일도 기초적인 가치를 가시화한다. 보이면 하게 된다. 건강을 위한 행동은 보이지 않는 인프라를 구축하는 것이다. 가급적이면 보이도록 규범을 세우자.

자신의 모습을 관찰하라

"네가 어떤 사람인지 모르겠다는 말은, 사실은 보고 싶지 않은 너를 피하고 있다는 뜻이다. 오늘 하루 말과 행동을 메모해 보고, 스스로 부끄러운 장면을 체크해라."

연말 모임에서 얼굴을 붉히고 말았다. 여러 지인과 함께한 자리에서 우연히 다른 사람이 촬영한 내 영상을 접했다. 사진 속의 익숙한 내 모습과는 달리, 영상 속에서 움직이는 나는 어딘가 어색하고 부자연스러워 보였다. 송년 인사와 덕담을 건네는 자리에서, 나름대로 준비한 멘트와 표정이었지만, 몸짓은 어색하게 굳어 있었고, 특히 손은 갈 곳을 잃은 듯 허공을 헤매거나 주머니 속을 들락거리며 불안정한 모습을 여실히 드러냈다. 무대 위 어설픈 아마추어 배우를 보는 듯한 느낌이었다.

처음엔 받아들이기 어려웠다. 어색한 내 모습에 부끄러웠다. 나는 분명 잘하고 있다고 생각했는데, 전혀 그렇지 않았다. 결국 자세를 고치기로 마음먹었다. 아무리 마음이 중요하다고 하지만 정갈한 외모 또한 능력이다. 올곧은 자세를 만들어 보인다고 해도, 부정적인 영향이 오지는 않을 것이었다. 오히려 사업을 할 때 도움이 되면 되지.

몸에 익은 자세를 고치기 위해서 색다른 노력이 필요했다. 나는 내 행동을 녹화했다. 녹화를 하며, 행동을 늘 의식했다. 몸이 피곤한 것이 아니라, 정신이 피로했다. 쉬고 싶을 때도 많았지만, 나는 녹화 버튼을 눌렀다. 회의, 거래처 상담, 짧은 인사말까지—가능한 장면을 자주 찍어 되돌려 보았다.

녹화한 나를 돌려보는 일은 제삼자의 시각에서 자신을 객관적으로 조망하는 일이었다. 영상은 걸음걸이, 말투, 표정, 몸짓 하나하나, 심지어는 무의식적인 습관까지 평소에는 미처 알아차리기 힘든 내 모습이 담겨 있었다. 정말 보기 힘들었는데, 그래도 나를 정돈한다는 의미로 보고 수정하고, 보고 수정하고를 반복했다.

영상의 나는 거울이었다. 손의 위치를 어디에다 둬야 할지 알게 되었고, 말의 속도를 늦추게 만들었다. 특히 상대의 말을 끊는 버릇이 있었는데, 이를 눈으로 확인하니 얼굴이 붉어질 수밖에 없었다. 걷는 장면을 반복 재생하며 팔자걸음의 각도를 줄였다. 발뒤꿈치를 끄는 습관도 있었는데 슬리퍼를 질질 끄는 것 같아, 발을 떼고 걷는 연습을 했다.

골프나 테니스, 수영, 헬스 등 다양한 스포츠 분야에서 동영상 촬영을 통한 자세 교정을 필수로 수행한다. 숙련된 코치의 지도하에 수없이 반복 훈련을 거듭하지만, 자세가 쉽게 교정되지 않거나 실력이 향상되지 않는 경우가 많다. 이럴 때 자신의 자세를 영상으로 촬영하여 분석해 보면 문제점을 명확하게 파악하고 효과적으로 교정할 수 있다.

영상은 내 삶의 사소하고 좋지 않은 디테일을 모두 공개했다. 처음의 부끄러움만 넘어서니 나름 내 모습을 보는 것이 괜찮았다. 촬영이 어려운 상황에서는 음성만이라도 녹음해 발표 습관을 확인했다. 커뮤니케이션도 화면 속 프레임으로 살피니 더 빨리 배웠다. 그렇다고 모든 행동을 고친 것은 아니다. 촬영하는 불편함은 끝까지 남았고 못 고친 습관도 있다.

자신을 3자의 입장에서 보는 것은 자신에게 이롭다. 외모뿐만 아니라, 내면도 가꾸는 데도 이롭다. 벤자민 프랭클린은 13가지 덕목을 정해놓고 매일 자신의 행동을 기록했다. 매일 반성하는 습관을 통해 끊임없이 자기 계발에 힘썼다고 한다. 자기반성은 패턴을 발견하는 데 좋다. 삶의 패턴은 잘 드러나지 않는다. 패턴이라는 것은 뇌가 모든 것을 의식할 수 없어서 습관처럼 굳은 것들이다. 자기 행동 패턴을 정확히 이해하고 개선함으로써 업무 효율성을 극대화할 수 있고, 타인과 소통 방식을 세련되게 다듬어 더욱 긍정적인 관계를 구축할 수 있다. 재미있는 사실은 자기 몸의 반응이나 그때의 기억을 상기하며 스트레스 요인을 객관적으로 분석하고 효과적인 대처 방안을 모색하는 데도 도움이 된다.

변화는 빠르게 찾아왔다. 녹화하기 시작한 지 얼마 되지 않아 동료의 피드백이 달라졌다. 회의의 흐름이 매끄러워졌다고 했다. 발표는 짧아졌고, 설득력이 올랐다. 나를 객관화하려는 의지와 태도가 드러났다. 다른 사람이 된 것 같았다.

나는 나를 알고 있다고 생각했다. 누구나 자신을 잘 안다고 생각한다. 하지만 이는 의식한 나의 모습일 뿐이다. 대부분의 행동은 의식에 거의 안 잡힌다. 운전할 때, 매번 깜빡이 켜는 이유를 생각하고 켜지 않는다. 말할 때, 왜 이 단어를 골랐는지 일일이 생각하지 않는다. 단순히 '무의식'에 따른 선택은 아니다. 생존을 위해 뇌가 많은 걸 자동화해 버렸기 때문이다.

우리는 누구나 자기가 생각하는 이상적인 이미지로 치장한다. '나는 정직한 경영자다.' '나는 감정적으로 흔들리지 않는다.'처럼 자기만의 이미지를 만든다. 누구는 유명한 롤모델을 자신의 삶의 모델로 삼는다. 이미지가 추상적인 영역만 관여하지는 않는다. 자기 행동도 상상 속의 이미지로 구현하기도 한다. 하지만 동시에 이미지는 실제 행동을 있는 그대로 보는 걸 방해한다.

경영은 차갑다고들 말한다. 이런 차가움은 실제 데이터를 통해 사실을 보려는 노력을 말한다. 그리고 이 냉랭함은 나 자신에게도 적용할 수 있어야 한다. 경영자가 자신을 돌보지 않으면 결국 머릿속

스토리만 붙들고 살 수밖에 없다.

  자기 모습을 바라보자. 생각으로 말고. 진짜 자신의 모습을.

스스로를 깔끔하게 관리하라

"겉모습은 사소해 보이지만, 남이 너를 판단하는 첫 번째 데이터다. '나는 본질을 봐줬으면 좋겠어'라고 말하기 전에, 거울 앞에서 셋만 더 가다듬어라."

나는 늘 책상을 먼저 본다. 거래처 책상의 서류가 제자리에 있고, 펜과 컵이 제자리에 잘 놓여 있을 때, 그 사람과 회사에 신뢰가 갔다. 깔끔하고 정돈이 잘 된 책상과 사무실은 당연히 일도 그렇게 할 것 같은 믿음이 들기 때문이다. 사실 남을 평가할 처지는 아니었다. 다른 사람의 책상을 보고 사무실로 돌아와 내 자리에 앉아보니, 내 책상은 서류가 겹겹이 쌓여 있었고, 메모는 제멋대로였다.

남의 책상 지적하기 전에, 내 서랍부터 비워야 했다. 변명하고 싶은 마음도 있었다. "창의적인 사람은 책상이 지저분하다던데. 아인슈타인도 책상이 지저분했으니까." 변명하려는 나를 보니 내가 틀린 게 맞았다. 내 책상부터 정리하기로 했다.

  습관이 들지 않아 정리를 안 하고 집에 간 날도 많았다. 돌아와서 바쁘다는 핑계로 널브러진 서류를 그냥 두기도 했다. 집도 마찬가지다. 오래 입지 않은 옷, 손님 온다는 이유로 쌓아 둔 접시, 아들이 떠난 뒤 남은 가구, 벽을 점령한 유선 스피커. 냉장고 구석에서 유통기한이 지난 소스.

  마음먹은 날부터 정리를 시작했다. 전부 정리하기로 마음먹었다. 옷장을 비우고, 그릇은 주변과 나누고, 가구는 기증했다. 무선 스피커 하나를 남겼고, 베란다 선반을 비웠다. 집 안에 공간이 생기자, 공기가 달라졌다. 사무실도 닮아 갔다. 상자와 샘플을 정리하고, 책상 위를 텅 비게 두었다. 정리는 마음이 이륙하기 위한 '활주로'였다. 깔끔하게 정리되니 마음이 정돈되고, 기분이 좋아졌다.

  누군가 말했다. "소유가 아니라 사용. 과시가 아니라 기능." 나는 그 말에 동의했다.

    집 안에는 유용하다는 것을 알거나, 아름답다고 믿는 것만 두라.
                                                                        윌리엄 모리스

  기준이라는 것은 대단할 필요는 없다. 나는 유용과 아름다움이라는 기준을 세웠다. 두 개의 문턱을 넘지 못하는 물건은 집에도, 책상에도 들이지 않았다. 생각의 여백을 늘릴 생각이었다. 아인슈타인은 책상은 지저분했지만, 아주 미니멀한 삶을 살았다. 정확한 시간에 똑같은 루틴으로 움직였다. 일정한 시간에 일어나고, 밥을 먹고, 연구하고, 산책했다. 책상의 정리는 덜 되어 있어도 삶은 아주 깔끔하게 정리되어 있었다. 무라카미 하루키는 어떠한가? 매일 일어나 4시간 글을 쓰고, 달리기를 한다. 자신의 삶을 미니멀하게 구성했다. 여유를 만드는 것은 분명 생활에 좋은 영향을 끼친다.

책상이 어지럽다는 건 내 뇌가 동시에 붙잡고 있어야 하는 미완료 신호가 많다는 뜻이기도 하다. 이것저것 널브러져 '나중에 처리해야지.'라는 생각을 한다는 의미이기도 하다.

이런 방식은 그대로 생활에도 옮겨진다. 책상이 정리되어 있다면, 머릿속도 한 번에 하나씩 처리하는 구조에 가까워진다. 책상은 단지 물리 공간이 아니라, 내가 "한 번에 무엇을 다루고 있는지."를 보여주는 거울에 가깝다.

한 번의 대청소는 누구나 할 수 있다. 하지만, 청결함을 유지하는 일은 다르다. 물건마다 자기 자리가 있고, 일을 마치면 되돌려 놓는 루틴이 필요하다. 비슷한 사고방식이 일정, 돈, 관계에도 적용된다. 처리할 일, 묵혀둘 일, 마칠 일에 대한 기준이 서 있고, 이에 따라 업무 정리를 한다는 의미이기도 하다. 빠르게 처리할 일, 오래 걸리지만 중요한 일을 파악하는 것과 같다. 잘 정리된 책상은 어떤 일을 잘하기 위한 원인이 아니라 일을 잘하는 사고방식이 만들어낸 표현이다. 책상은 생활의 축소판이다.

시작하고 실천하기

"생각만 하는 사람은 '가능성' 뒤에 숨은 사람이다. 오늘 머릿속에서만 돌리던 일을, 완성도가 엉망이어도 상관 없으니, 현실 세계에 작업하도록 하라."

'계획부터 꼼꼼히 해야 성공하지!'는 틀렸다.

몇 년간의 직장 생활을 마치고, 오랫동안 가슴 속에 품어왔던 사업에 도전하기로 결심했다. 그동안 꼬박꼬박 저축하며 모아온 자금과 직장 생활을 통해 쌓아온 인맥은 사업의 든든한 기반이 되어줄 것이라 믿었다. 내가 뛰어들기로 한 사업 분야는 당시 시장에 흔치 않은 새로운 영역이었기에, 제품만 제대로 알려진다면 성공 가능성이 매우 높다고 판단했다. 하지만 안정적인 울타리를 벗어나 사업이라는 정글에 발을 내딛는 순간, 암초들이 곳곳에서 불쑥 솟아올랐다.

의기투합했던 동업자 C는 사업 시작 불과 몇 달 만에 회사를 떠나고 말았다. 제품 생산을 담당하기로 했던 C는 예상보다 수입이 적다는 이유로 더 이상 사업을 지속하기 어렵다며 변심한 것이다.

텅 빈 사무실, 덩그러니 남겨져 고민에 빠졌다. 이대로 모든 것을 포기하고 다시 샐러리맨으로 돌아가야 할까, 아니면 불확실한 미래를 향해 외로이 나아가야 할까? 주변 지인들은 나의 능력과 성실함을 익히 알고 있었기에 진심으로 나를 걱정해 주었지만, 그 누구도 내 미래를 확신하거나 보장해 주지는 못했다. 모든 것이 불확실했다. 하지만 고심 끝에 나는 결국 혼자 힘으로라도 사업을 계속 진행하기로 굳게 마음먹었다.

나는 주변의 도움을 받아 직접 발로 뛰며 영업에 나섰고, 제품 생산은 외부 공장에 외주를 주면서 생산 과정 전반을 꼼꼼히 익혀나갔다. 정직하고 성실하게 일하는 나의 모습에 조금씩 감동한 고객들은 하나둘씩 믿음을 갖고 주문을 하기 시작했다. 하지만 자금 부족이라는 현실적인 문제에 직면하여 경비를 최대한 줄이고, 심지어 밤에는 대리운전을 뛰며 투잡을 해야만 했다. 거의 1년 동안 휴일도 없이 한국 시각과 미국 시각을 번갈아 가며 쉴 새 없이 밤낮으로 일했다.

그렇게 피나는 노력을 기울인 결과, 조금씩 단골이 늘기 시작했고 몇 번의 쓰라린 고비를 겪으면서 제품의 품질 또한 서서히 시장에서 인정받기 시작했다. 사업 시작 1년 후부터는 드디어 흑자로 전환되었고, 이후 회사는 꾸준히 성장 가도를 달리며 안정적인 궤도에 올라섰다.

주변 사람들은 나에게 자주 묻는다.

"사업해도 될까요? 이게 팔릴까요?"

"무엇을 망설이고 있나요? 지금 당장 시작하세요!"

머릿속 시뮬레이션만으로는 현실의 벽돌 한 장 쌓을 수 없다. 직접 몸을 움직여 행동하고 실천할 때 비로소 삶은 움직이기 때문이다. 멈춰있던 축음기에 바늘이 닿는 순간, 아름다운 음악이 흘러나오듯 말이다.

아무리 훌륭한 목표와 원대한 계획을 세웠다 할지라도, 직접 행동으로 옮기지 않으면 그 어떤 것도 이룰 수 없다. 창업뿐만 아니라, 우리의 삶을 살아가는 모든 순간에 적용되는 보편적인 진리다. 우리는 종종 새로운 도전 앞에서 망설이고 주저한다. 실패에 대한 두려움, 불확실성에 대한 불안감 때문에 첫발을 내딛기를 망설인다. 하지만 이런 두려움은 일어나지 않은 일에 대한 불안함일 뿐이다. 더 철저한 계획을 세우려 하다가 계획의 함정에 빠지고 만다.

첫걸음은 누구에게나 서툴고 불완전하기 마련이다. 티비에 나오는 유명한 사람들의 성공스토리? 그들도 모두 행동했고, 실패에서 수정했기 때문에 좋은 결과를 얻을 수 있었다. 세상에는 완벽해 보이는 계획만 있을 뿐, 완벽한 계획은 없다. 진정한 경쟁력은 완벽한 시작이 아니라, 실제 경험 속에서 끊임없이 배우고 개선하며 만들어 나가야 얻을 수 있다.

"고민은 짧게, 실천은 빠르게!"

실천하다 보면 당연히 예상치 못한 실패와 좌절을 경험하게 될 것이다. 하지만 실패했다고 슬퍼하거나 다음 실패를 두려워해서는 안 된다. 실패는 일어난 일이고, 다음 실패는 일어나지 않은 가능성일 뿐이다. 넘어지고 다치는 경험을 많이 할수록 궁극적으로 자신이 원하는 것을 성취할 수 있다는 사실을 굳게 믿어야 한다. 특히 젊은 시절의 실패는 덜 치명적이다. 오히려 자신에게 더 많은 배움과 성장, 그리고 새로운 기회를 제공하는 소중한 자산이다.

인터넷에서 재미난 글을 본 적이 있다.

"이번에 실패했으니까 성공을 위한 열 번 실패 중 하나는 넘었다."

사실 실패도 일을 시작해야 할 수 있다. 시작하지 않으면 실패할 권리도 주어지지 않는다. 라이트 형제는 수많은 시행착오와 좌절을 딛고 일어서는 불굴의 의지로 마침내 인류 최초의 비행에 성공했다. 심지어 라이트 형제 중 한 명은 비행 실패로 사망했다. 그럼에도 꾸준히 연구했다.

일론 머스크를 보자. 스페이스X의 재사용 로켓이 몇 번 실패했을 때 모두 외면했다. 심지어 "주가가 로켓과 함께 폭발한다."라고 비아냥거리는 사람도 있었다. 지금은 누구도 일론 머스크의 실패를 비난하지 않는다. 오히려 인류 최고의 부자가 되었다. (물론 일론의 목표는 부자가 아니다.)

새로운 지식을 배우고, 새로운 기술을 익히고, 새로운 길을 개척하기 위해서는 반드시 실패를 각오해야 한다. 이 모든 것은 일을 시작해야 가능하다. 처음부터 일을 완벽하게 해낼 수는 없으며, 실수를 통해 배우고 실패를 통해 성장하는 것이 진정한 배움이다.

물론 무모한 도전을 맹목적으로 옹호하는 것은 아니다. 성공적인 결과를 얻기 위해서는 충분한 준비와 신중한 계획 또한 필요하다. 하지만 지나치게 완벽한 준비만을 고집하다 보면, 오히려 중요한 기회를 놓칠 수 있다. 나는 성공을 위해서는 과감한 용기가 필요하다고 믿는다. 완벽을 추구하며 머뭇거리고 주저하기보다는, 다소 부족하더라도 과감하게 실행에 옮기는 결단력과 추진력이 바로 성공으로 향하는 가장 확실하고 빠른 지름길이다.

시작은 자신의 무지를 들어내고 이를 보완하기도 한다. 우리가 망설일 때를 생각해 보자. '준비가 더 되면 해야지.' '좀 더 알아봐야지.'라고 생각한다. 하지만 일을 해보면 알지만, 시작해 봐야 자신이 진짜 모르는 부분이 드러난다. 시작은 늘 허술하고, 낯설고, 불완전하다. 이는 나의 결함이 아니라 시작의 속성이다. 어떤 일을 시작하면 구조적인 문제도 보인다. 시작 전에는 얻을 수 없는 정보다. 그 많은 요식업 기업이 아쉬워도 팝업을 진행하는 이유는 무엇일까? 시작한 후 정보를 얻기이다. 그러니 완벽하게 준비된 뒤에 시작하려는 태도는 결국 평생 시작하지 않겠다는 말에 가깝다.

'의미가 있어야 행동한다.'라는 말과 '행동하면 의미가 생긴다.'라는 말은 서로 상충하는 것은 아니다. 처음에 우리는 아무것도 가지고 있지 않은 상태다. 시작 전에 의미를 찾지만, 사실은 의미도 없는 상태다. 행동과 결과, 피드백을 통해, 성공과 실패, 반응, 감각 등이 생긴다. 이런 간단한 결과가 생기면, 점점 규칙, 기준, 그리고 어떻게 행동해야 하는지 등의 이유가 생긴다. 다음 선택에서 의미를 만들 확률이 높아진다.

예를 들어 디자이너나 제조업 공정에서 초기 모델을 먼저 만들고, 그 모델의 문제와 성격, 사람들의 반응이 드러나며 의미를 더한다. 누군가 무술을 수련한다고 생각해 보자. 무술 수련자는 스승의 지침에 따라 처음에 의미 없다고 생각하는 기본기를 계속 수련하게 된다. 기본 무술 동작이 왜 중요한지 몰라도 계속 다지게 되고, 나중에야 기본기 연습의 의미를 알게 된다. 봉사도 그렇다. 봉사를 하다 보면 의미가 생긴다.

처음에는 어떤 방향만 있으면 된다. 최소한의 방향이 의미라면, 최소한의 의미만 가지고 행동을 계속하면 된다. 그러면 반복이 행동에 의미를 더한다. 의미는 행동의 연료이기도 하지만, 동시에 행동의 결과이기도 하다.

모든 의미를 다 부여해서 시작하지 말자. 방향만 갖춰지면 행동하자. 어느덧 의미가 확장되는 경험을 할 수 있을 것이다.

2장

관계를 위한 기본

웃음은 영혼을 위한 가장 좋은 약이며, 행복의
가장 직접적인 표현이다.

Laughter is the best medicine for the soul,
and the most direct expression of happiness.

빅터 보르게

관계는 미소로 만든다

"사람이 너를 피하는 건 성격이 아니라 표정 때문일 때가 많다. 엘리베이터, 카운터, 편의점에서 하루 세 번은 먼저 웃으며 인사해라."

출퇴근 할 때마다 얼굴은 아는데, 대화를 나눠보지 않은 사람을 보면 어색하다. 엘리베이터에서 만나면 눈을 피한다. 복도에서는 목례를 해야할까 고민하게 된다. 그리고 슬슬 눈치를 살핀다.

우리 회사에 직원이 들어왔다. 평균 키, 평범한 외모. 그녀는 늘 먼저 웃었다. 처음 오는 사람에게도, 같은 건물의 낯선 이에게도 고개를 들어 미소로 인사했다. 며칠 지나지 않아 근처 회사 사람들, 심지어 다른 회사 사장들까지 그녀의 이름을 물어왔다. 이제는 회사의 마스코트가 되었다.

잘 웃기 때문에 늘 좋은 소문이 돌았고, 거래처의 성실한 직원이 진지하게 청혼했다. 나도 두 사람이 결혼을 원했는데, 실제로 결혼했다.

돌아보면 내게도 그런 시기가 있었다. 서른 살 무렵의 미국 생활에서 사람들은 나를 '미스터 스마일'이라 불렀다. 항상 웃고 다니면서 인사를 먼저 했다. 미국은 한국보다 눈인사하기 쉬운 문화여서 그럴 수도 있었지만, 긍정적인 모습을 모두에게 보여주고 싶은 마음도 있었다. 한국에서 온 친절한 사람처럼 보이고 싶었다.

미소는 만국 공통어이다. 미국에서는 더 쉽게 도움받았고, 거래를 할 때도 관계가 부드러웠다. 내 별명은 명함보다 빠르게 퍼져 거래처의 사람들 사이에서 신뢰를 쌓았다.

미소를 계속 유지하는 것이 무겁게 다가오기도 했다. 너무 피곤하고, 지치면 미소를 잃기도 했다. 그래도 쌓아온 이미지도 있고, 나도 기분이 좋아지기 때문에 웃음을 잃지 않으려 노력했다. 어떻게 보였을지는 모르겠다.

뉴욕이나 로스앤젤레스 같은 거대한 대도시에서는 보기 어렵지만, 중소 도시나 지방에서는 낯선 이들 사이에서도 가벼운 눈인사와 미소를 자연스럽게 나눈다. 주유소 직원, 식당 종업원, 길을 묻는 행인 등 직업과 지위에 상관없이 미소와 인사를 주고받는 작은 습관은 따뜻하고 유대감 있는 분위기를 만드는 데 큰 역할을 한다. 사회적 경계를 허물고, 서로에 대한 존중을 표현하는 효과적인 방법이다.

미소는 태도인 동시에 능력이다. 가장 낮은 곳에서 봉사했던 테레

사 수녀는 동료를 선발할 때 많이 배우고 실력이 뛰어난 사람보다 '잘 웃는 사람'을 선호했다고 한다. 그녀는 잘 웃는 사람들이 매사에 긍정적이고 배우기를 잘하기 때문이라고 설명했는데, 미소 하나로 결혼한 직원을 살펴보면 이해가 되는 말이다. 미소는 마음의 문을 열고, 새로운 지식과 경험을 받아들일 준비가 되어 있음을 보여주는 신호다. 내가 잘 보이려고 하는 것도 있지만, 타인을 받아들이겠다는 신호다. 평범한 말에 미소 하나만 더해도 큰 힘이 생기고, 상대방에게는 긍정적인 기분을 전한다.

우리는 울기 때문에 슬퍼지고, 때리기 때문에 화가 나고, 떨기 때문에 두려워진다.

행동이 감정을 만든다는 역방향의 통찰. 데일 카네기의 말이다. 표정이 마음을 이끌고, 마음이 말을 바꾸고, 말이 관계를 바꿀 수 있다. 우리는 늘 의미가 먼저라고 생각하지만 행동을 하면 의미가 생기기도 한다. 슬픈데 어떻게 웃어요? 라고 하면 웃으면 좋아질 수 있을지 모른다.

나는 하루 세 번 웃으려고 노력한다. 아침의 출근길, 점심의 계산대, 퇴근 전의 엘리베이터. 습관처럼 웃다 보니 거래처에 화낼 일도 줄었다. 내 이름을 기억하지 못하는 사람들은 이렇게 불렀다.

"항상 웃는 그 사람."

명확함은 모든 위대한 예술과 과학,
그리고 모든 훌륭한 관계의 기본이다.

Clarity is the basic ingredient of all great
art and science and every excellent human
relationship.

클라우드 홉킨스

배워서 나눈 것은 분명 돌아온다

"지식만 쌓고 안 나누면, 그건 자산이 아니라 짐이다."

나는 오래도록 "배워서 남주나?"라는 말 속에서 자랐다. 지식은 쟁여놔야 한다고 배웠다. 지식이 무기니까. 그 믿음에 기대 작업을 했다. 그 문구를 보는 순간 마음 한쪽이 찔렸다.

"정말 지식의 힘은 감추는 데서 경쟁력을 얻을까? 나누는 데서 커질까?"

나는 지식을 나누면 오히려 시장에서 밀릴까 봐 걱정했다. 내가 잘 아는 K 사장은 회사의 핵심 노하우를 아낌없이 공유하면서 오히려 더 많은 이익을 얻었다. 자기 회사의 기술, 노하우를 다른 사람들에 알렸다. 이런 것까지 알려야 할까 생각했지만, K 사장은 달랐다. 그는 자신이 과거에 다른 사람으로부터 그런 노하우를 공유받아 사업에 성공할 수 있었다는 경험담도 덧붙였다. 일종의 보답 같은 것이다. '배워서 남 주는 행위'가 마치 전염병처럼 긍정적으로 확산해 결국 자신에게도 도움이 돌아온다는 사실을 명확히 보여주었다.

현대 비즈니스에서는 '오픈 이노베이션(Open Innovation)'이나 '상생 경영'이라고 부른다. K 사장은 기술을 공유뿐 아니라, 하청업체들과 장기적인 신뢰 관계를 구축하고 협력적 생태계를 조성함으로써 모두가 함께 성장하는 비즈니스 모델을 실현했다.

우리 부모 세대는 배움을 '성공의 사다리'로 여겼다. 생활비를 쥐어짜 학비를 만들어 대학을 보냈다. 그 시대만의 생존 방식이었다. 지식은 곧 성공이고 행복이었으니까. 1990년대 미국 병원에서 본 장면이 내 머릿속에 오래 남았다. 은퇴자들이 자원봉사자로 환자를 돌봤다. 휠체어를 밀고, 재활 운동을 돕고, 이야기를 들어 주었다. 자신이 가진 지식을 활용해 봉사활동을 했다.

"배움이 곧 도구이고, 도구는 나누라고 있는 것입니다."

배움은 더 넓게 나누기 위한 힘, 함께 더 멀리 가기 위한 연료다. 봉사뿐만 아니라 회사 경영에도 나누면 고객은 진실함에 감동한다.

특히 지금은 지식 독점이 불가능하다. 인터넷 시대에 지식은 울타리를 싫어한다. 값비싼 강의실 안에만 갇히지 않았다. 유튜브는 새로운 직업의 창출인 동시에 교육 혁명이다. 사소해 보이는 노하우도 영상 하나, 글 한 편으로 살아 움직이며 배울 사람을 찾아다닌다. 실패담조차 '잘 망하는 법'이라는 제목으로 누군가의 시행착오를 줄여주었다.

나도 사내 게시판에 내가 겪은 오류와 해결 과정을 올렸고, 외부 모임에서는 자료를 통째로 공유했다. 인터넷에 공유하기도 한다. 이상하게도 내 경쟁력은 줄지 않았고, 오히려 부탁과 제안이 늘었다. 프란시스 베이컨은 "지식은 힘이다."라는 유명한 말을 남겼다. 요즘은 이렇게 말해야 할 것 같다. "공유된 지식은 '모두를 윈윈하게 만드는' 힘이다."

한나 아렌트는 "권력은 단지 '행동하는 능력'이 아니라 '함께 행동하는 능력'과 같다."라고 이야기했다. 권력이라고 번역되어 있지만, 실제로는 power라고 되어 있어 힘이라고 해석해도 무방한 것 같다 (영어로 권력과 힘 모두 power다.). 둘을 합치면 답은 분명했다. 배움이 힘이라면, 그 힘의 진짜 가치는 함께 움직일 때 배가된다. 지식은 등불이다. 내 손에만 쥐면 작은 불꽃이지만, 옆 사람의 초에 불을 옮기면 방 전체가 밝아진다. 불은 나눌수록 커진다.

'배워서 남 주자'는 봉사라는 미덕이 아니라 전략이었다. 혼자 1을 지키는 대신, 둘이서 함께 3과 4를 만드는 방식이다. 개인의 성상으로 시작된 공부가 타인의 성장을 밀어 올리고, 그 반등이 다시 나를 끌어올릴 수 있다. 물론 배우기만 하고 사라지는 사람도 있다. 그거야 그 사람의 덕이고, 나는 다른 사람과 함께하면 된다. 지식을 아까워하지 말자. 나누며 살면 분명 자신에게 복이 돌아온다.

지식은 나누지 않는다면 아무런 가치가 없다.

Knowledge has no value unless you put it
into practice and impart it to others.

안톤 체호프

호의는 사소한 관심에서 시작한다

"큰 선물보다, 남이 아무도 안 본 디테일을 봐주는 사람이 오래 남는다. 이름, 자녀, 최근 고민 하나 정도는 상대별로 메모해 두고 때 맞춰 꺼내라."

"수진 씨, 오늘 승객이 많아서 힘드시죠."

나는 명찰에 적힌 이름을 확인하고, 말을 건넸다. 차갑고 냉소적인 공항 수화물 관리 직원의 얼굴에 화색이 돌았다. 짧은 내화였지만, 어떤 날엔 좌석이 더 나은 자리로 바뀌기도 했다.

식당에서도, 거래처에서도 다르지 않았다. "김 대리님, 오늘 추천 메뉴 뭐예요?" "박 부장님, 이번 일정도 잘 부탁드립니다." 이름을 붙여 친절하게 질문하자 응답의 톤이 달라졌다. 현장의 온도가 바뀌었고, 일은 속도가 붙었다.

한 프로젝트가 꼬였을 때였다. 나는 회의 초반부터 친근하게 참석자 전원의 이름을 확인해 불렀다. 간단하게 이름을 부르며 좋은 말을 건네 분위기를 풀었다. 회의하기 전에 긴장이 풀리는 듯 보였다.

호의라는 것은 대단한 것이 아니다. 나는 명함에 얼굴의 특징을 메모하기도 했다. 통화 후에는 휴대폰 연락처에 정보를 한 줌을 덧붙였다. 기억하기 쉽도록 말이다. 오랜만에 전화가 오면 먼저 이름을 불렀다. "민수 님, 그때 말씀하신 전시 잘 끝나셨어요?" 작은 기억은 신뢰를 얻게 만든다. 이메일과 문자를 보낼 때도 이름을 먼저 넣었다. "OO 님, 안녕하세요."

> 한 사람의 이름은 그 사람에게 모든 언어 중 가장 달콤하고 중요한 소리다.
> 데일 카네기, How to Win Friends and Influence People

카네기는 이름은 '관계를 켜는 작은 스위치'라고 보았다. 스위치를 누르면 불이 켜지듯, 이름을 부르면 마음이 응답한다. 어디서는 이름을 기억하는 리더는 팀의 신뢰를 먼저 얻는다. 언론에서 본, 수백 명의 직원 이름을 외우는 CEO 이야기가 과장이 아니었다. 큰 회사에서 CEO가 한 번 본 직원의 이름을 기억한다면 그 직원은 CEO에 대한 신뢰가 깊어질 것이다 (작은 회사는 물론 모든 이름을 기억할 것이다.). 거래처의 이름뿐 아니라 짧게 대화를 나눈 사람들의 이름을 기억한다면 당신을 보는 눈이 달라질 것이다.

이름은 매출을 위한 '관리'가 아니라 '존중'의 형식이다. 이름을 기억하는 것은 단순히 외우는 것을 넘어 그 사람에 대한 전반적인 관심을 포함한다. 그들의 취미, 관심사, 이전에 나눴던 대화 내용 중 중요한 사건 등을 기억하고 적어놓으면 다음에 대화를 자연스럽게 시작할 수 있다. "지난번에 말씀하셨던 제주도 여행은 잘 다녀오셨는지요?"와 같이 상대방의 지난 이야기를 기억하고 언급하는 것은 그 사람에게 '나를 기억하고 있구나.'라는 생각을 하게 된다. 전략적이라고 너무 생각하지 말자. 모두를 위한 최소한의 존중 방법이다.

이름 기억하기가 어렵다면 몇 가지 팁을 활용해 볼 수 있다.

- 즉시 반복하기: 처음 만났을 때 상대방의 이름을 듣자마자 대화 중에 자연스럽게 한두 번 반복해서 말해보는 것이 좋다. 대화 중에 언급하면 좀 더 쉽게 기억할 수 있다.
- 연관 이미지 활용: 그 이름과 관련된 특색 있는 이미지나 유명인을 떠올려보는 것이 기억하는 데 도움이 될 수 있다.
- 메모 습관: 받은 명함이나 스마트폰 메모 앱에 상대방의 이름과 함께 만난 장소, 대화 내용, 특징 등을 간단히 기록해 두는 습관을 들인다.
- 소셜 미디어 활용: 만난 사람들의 프로필을 소셜 미디어에서 확인하며 얼굴과 이름을 매칭하는 연습을 하는 것도 좋은 방법이다.

- 정기적 복습: 하루 일과를 마치고 만난 사람들의 이름을 떠올리며 복습하는 시간을 가진다.

작은 보고라도 자주하라

"네가 괜찮겠지 하고 넘긴 일은, 상대 입장에서는 '무시당했다' 가 된다. 일이 잘돼도, 안 돼도 중간중간 짧게라도 알리는 습관 을 들여라."

B 직원은 사실 학력이나 입사 당시의 실력 면에서는 뛰어나다고 할 수 없었다. 하지만 면접에서부터 자신감에 찬 모습과 활기찬 태도로 강한 인상을 남겼고, 결국 채용을 했다. 입사 후 회사 업무를 배우는 과정에서도 그는 항상 활기찬 대답으로 시작해 빠른 적응력을 보이며 주위의 인기를 한 몸에 받았다.

"네, 알겠습니다! 바로 처리하겠습니다!"

라며 명확하고 시원스럽게 대답했고, 일단 업무를 맡으면 기대를 뛰어넘는 결과를 가져왔다.

그는 영업부에서 일하면서 몇 달 만에 팀 내 1등 영업 실적을 올리는 기염을 토했다. 공장에 주문된 제품이 늦어질 경우 직접 공장으로 달려가 생산 현장을 살피고, 때로는 생산 라인에 합류하여 직접 생산을 돕는 등 고객과 약속을 최우선으로 생각하는 모습을 보였다. 고객들은 그의 시원스러운 대답과 확실한 업무 진행에 크게 만족했고, 그를 향한 신뢰는 나날이 깊어졌다.

나 역시 B가 맡은 업무에 대해서는 거의 신경 쓸 필요가 없을 정도로 완벽하게 처리했기에, 그에게는 전적으로 모든 것을 맡길 수 있었다. B 직원에 대한 특별 보너스를 지급하지 않을 수 없었고, 그 덕분에 회사 분위기와 전체 영업 실적이 크게 향상되었다. 거래처에서도 B는 제일 인기가 좋았던 직원이자, '같이 일하고 싶은 사람'으로 손꼽혔다.

CEO 모임에서 '좋은 인성'을 묻자, 대다수가 같은 단어를 꺼냈다. 대·미·인. 대답, 미소, 인사. 그중에서도 대답을 1순위로 꼽았다. 군대에서 제일 먼저 배우는 일도 복창이었다. 들은 것을 즉시, 또렷하게, 책임과 함께 되돌려 주는 일. 나는 팀에 작은 규칙 하나를 도입했다. 확인하고, 약속하고, 다짐하라는 것이다.

확인: "요청하신 건 A, B, C 맞습니까?"

약속: "오늘 3시까지 초안 보내겠습니다."

다짐: "3시에 못 올 상황이면 1시에 먼저 알리겠습니다."

거래처의 반응이 가장 먼저 달라졌다. 모호함이 걷히자, 신뢰가 쌓였다.

흥미롭게도 명령과 전달, 복종을 강조하는 군대에서 신병이 제일 먼저 배우는 것이 바로 '복창'이다. 상급자의 지시를 들은 내용을 명확하게 다시 복창함으로써 전달 사항이 정확히 이해되었음을 확인한다. '확실한 대답'의 중요성을 가장 먼저 가르친다. 이는 군사 작전에서 오해로 인한 치명적인 실수를 방지하고, 일사불란한 조직력을 유지하기 위한 가장 기본적인 소통 훈련이다. 비즈니스 조직에서도 마찬가지다. 프로젝트 지연, 고객 불만, 재정적 손실 등은 대부분 불명확한 의사소통에서 시작된다. 군대식 복창 훈련은 이러한 오류를 미연에 방지하는 강력한 커뮤니케이션 원칙을 제시한다.

조직에서 '명확한 대답'은 단순한 의사소통 기술 이상의 의미를 가진다. 성실함, 책임감, 긍정적인 태도, 자신감, 전문성을 보여주는 중요한 기회이다. 조직에서 상사는 자신의 지시에 대한 이해와 전달이 명확하기를 바란다. 단순히 '예', '아니오'로 대답하는 것이 중요한 것은 아니다. 상대방이 필요한 정보를 정확히 제공하는 것이다. 예를 들어, "네, 알겠습니다. 내일 오후 3시까지 자료 준비해서 보고 드리겠습니다."와 같이 구체적인 계획을 덧붙이는 것이다.

또한 불확실한 상황에서 확실한 대답은 상대방에게 안정감을 주고, 당신을 믿을 수 있는 사람으로 보이게 한다. 성실하고 책임감 있는 답변은 당신의 전문성과 태도를 대변하며, 상대방과의 신뢰 관계를 구축하는 데 크게 기여한다. 이는 장기적인 파트너쉽이나 협력 관계를 형성하는 데 필수적인 요소다.

질문을 받았을 때 정말 큰일이 아니라면 즉각적으로, 그리고 상대방이 알아들을 수 있도록 분명하게 대답해야 한다. 나는 상대방이 나의 대답을 듣지 못했다고 느껴지면 다시금 큰 소리로 재차 대답하라고 조언한다. 상대가 못 들어서라고 말하는 것은 자신의 책임을 전가하는 일이다. '대답을 잘한다.'는 것은 단지 예의 바르다는 것을 넘어 자기 자신을 씩씩하고 긍정적인 사람으로 변화시킬 수 있는 계기가 되기도 한다. 크고 상쾌하고 명확한 발음으로 대답하는 습관을 들이는 것이 좋다.

일상생활, 즉 친구나 가족과 대화에서도 명확한 대답은 중요하다. 마찬가지다. 명확한 대답은 서로의 이해를 돕고 불필요한 오해를 줄이는 데 결정적인 역할을 한다.

"언제쯤 도착해?"라는 질문에 "곧 도착할 거야."라는 모호한 답변보다 "30분 뒤에 도착할 거야." 또는 "2시에 도착할 거야."라고 명확히 말하는 것이 상대방을 안심시키고, 불필요한 걱정을 덜어준다. 가족 간에도 작은 오해가 쌓여 큰 불화로 이어진다. 명확하고 솔직한 소통은 이러한 갈등을 예방하고 관계를 더욱 돈독하게 만든다.

명확한 대답을 하기 위해서는 준비가 필요하다. 질문을 정확히 이해하고, 필요한 정보를 빠르게 파악하며, 간결하고 정확한 답변을 준비하는 과정이 필수다. 이 과정에서 자신이 모르는 부분이 있다면 솔직하게 인정하고, "지금은 정확히 모르지만, 확인 후 바로 알려드리겠습니다." 와 같이 솔직하게 말하는 것이 오히려 신뢰를 높인다.

불확실한 상황에서 어설프게 아는 척하는 것보다 훨씬 현명한 태도다. 또 다른 중요한 점은 긍정적인 태도를 유지하는 것이다. 아무리 내용이 명확하더라도 불친절하거나 무뚝뚝한 태도는 소통의 효과를 반감시킨다. 명확한 대답을 하되, 항상 긍정적이고 친절한 태도를 잃지 않는 것이 더욱 효과적인 소통을 가능하게 한다.

명료한 응답은 상대를 주체로 대우하는 행위다. 인간은 단순하게 주고받는 존재가 아니라, 인정과 존중을 요구하는 존재이다. 무응답은 대상을 무시하는 방법이다. 무응답이나 회피는 다른 사람이 한 말을 무효화하는 성격이 있다. 아무리 회사의 경영자가 직원에게 이런저런 임무를 내려도 대답하지 않으면 일을 하겠다는 건지, 안 하겠다는 건지, 더 나가 경영자를 무시하는 건지까지 고민하게 된다. 반대의 관계도 마찬가지다. 서로 간의 존중이 필요하다. 아무리 상하관계가 있더라도 존중하지 않으면 일은 진행될 리가 없다.

회사에서 관계는 결국 함께 움직이는 능력이고, 응답은 함께 존중하며 앞으로 나가게 만든다.

삶에서 가장 큰 영광은 결코 넘어지지 않는 데 있는 것이
아니라, 넘어질 때마다 다시 일어서는 데 있다.

The greatest glory in living lies not in never falling,
but in rising every time we fall.

넬슨 만델라

착한 사람에게 외상 주지 마라

"선을 잘 베푸는 사람일수록, 상처도 깊게 받는다. '다음에 줄 게요.'라는 말을 들으면, 관계를 망치지 않는 선에서 기준을 바로 제시해라."

인간관계에서 돈은 가장 민감하고 파괴적인 요소다. 셰익스피어의 말처럼, 돈을 빌려주거나 빌리는 행위는 종종 돈과 친구를 모두 잃게 만든다. '돈 앞에는 형제도 없다.'는 한국 속담은 이러한 비극적인 현실을 더욱 강하게 경고한다.

나는 누구에게도 돈을 빌려주지 않겠다고 굳게 맹세했지만, 정말 존경하고 아끼던 단골 거래처 H 대표에게는 돈을 빌려주고 말았다. 20년간 성실하고 정직하게 사업을 이끌어오던 그였기에, 나는 그의 성실성을 믿었고 나의 신념을 잠시 내려놓았다. 그러나 돈을 잃었고, 그보다 훨씬 소중했던 H 대표와의 인연마저도 잃고 말았다.

나중에 알게 된 사실이지만, H 대표 역시 다른 사람에게 어음을 빌려주었다가 예상치 못한 부도를 맞았다. 그는 나를 속이려 한 것이 아니라, 자신이 먼저 사기를 당해 감당할 수 없는 상황에 놓여있었다.

 돈 때문에 인간관계에 금이 가고 소중한 인연을 잃는 일은 누구나 겪는 비극적인 현실이다. 개인적인 영역이든, 비지니스 영역이든 발생한다. 돈을 빌려주었다가 관계가 깨지고 나면, 누구에게도 돈을 빌려주지 않겠다는 뼈아픈 다짐을 할 수밖에 없다. 나 역시 철저하게 친구나 거래처 등 그 누구에게도 돈을 빌려주지 않겠다고 다짐했지만, 당장 어려움을 호소하며 절박하게 도움을 요청하는 사람들에게는 인간적으로 거절하기 어려운 경우가 있었다.

 돈을 빌리는 사람은 대부분 '목숨이라도 줄 것 같은' 진심 어린 약속을 했지만, 실망스럽게도 제대로 약속을 지킨 경우는 거의 없었다. 결국 처음에는 좋았던 관계가 깨지고, 좋은 인연으로 계속될 수 있었던 사람들이 서로에게 상처만 남긴 채 멀어지는 경우가 비일비재했다.

 돈을 갚지 못한 그 사람이 나쁘게 변했다고만 할 수는 없다. 그들 역시 다른 사람에게 돈을 빌려주었다가 피해를 본 경우가 많다. 착한 이들은 자신의 피해를 막으려다가 다른 이에게 피해를 주는 악순환에 빠지는 경우도 있기 때문이다.

 돈은 관계의 시험대다. 가능하다면 금전적인 거래 자체를 시작하지 않는 것이 가장 현명한 방법이다. '돈 문제'와 관련된 수많은 조언과 격언들이 존재하는 이유도 여기에 있다. 하지만 상대방의 어려움을 외면하고 단호하게 거절하는 것이 인간적으로 쉽지 않다는 것은 인정해야 한다. 세계적인 투자가 워런 버핏은 가족과 친구들에게 절대 돈을 빌려주지 않는 것으로 유명하다. 그는 "가족과 친구들에게 돈을 빌려주는 것은 관계를 망치는 지름길"이라고 단언하며, 대신 그들에게 투자 조언을 해주거나 경제적으로 자립할 수 있도록 돕는 방식으로 지원한다고 한다. 그는 물고기를 주는 대신 물고기 잡는 법을 가르쳐주는 지혜를 택한 것이다.

만약 정말로 상대방을 도와주고 싶다는 마음이 간절하다 하다면, 나의 조언은 큰 부담이 되지 않는 선에서 '그냥 주는 것'을 고려해 보라는 것이다. 인간적인 정 때문에 도저히 거절하기 어려운 경우라면, '빌려주는 것' 대신 '그 금액의 10% 정도는 돌려받지 못할 것이라고 생각하고 그냥 주는 것'이 오히려 낫다. 이때 상대방에게도 솔직하게 "내가 줄 수 있는 금액은 여기까지이며, 이선 빌려주는 것이 아니라 그냥 주는 거야."라고 명확하게 말해주는 것이 중요하다. 놀랍게도 대부분의 사람은 그 소액의 '선물'에 대해서도 진심으로 고마워하며 관계가 유지되는 경우가 많다.

가장 좋은 것은 돈을 빌려주는 대신 다른 방식으로 도움을 줄 수 있는 방법을 모색해 보는 것도 좋은 대안이다. 예를 들어, 취업이나 사업에 도움이 되는 현실적인 정보나 실질적인 조언을 제공하는 것이다.

　착한 사람에게 외상 주거나 돈을 빌려주는 경우는 상대방이 착하고 외상을 갚을 수 있는 사람이라는 '주관적인 판단'에 따른다. 이 주관적 판단에 의거해 돈을 빌려주면, 선의가 악순환의 씨앗이 될 수 있다는 점을 간과해서는 안 된다. 상대방이 아무리 착하고 믿을 만하다고 해서 돈을 빌려주었다가 궁극적으로 내가 피해를 보는 경우도 많다.

　일반적인 상거래에서의 외상 거래 역시 비슷한 위험을 내포한다. 물건을 납품하고 나면, 아무리 외상이라고 해도 그 물건은 더 이상 나의 소유가 아니다. 착한 사람, 착한 거래처가 가지고 있는 부실 채권은 회수하기가 매우 어렵다. 법적 조치를 취하더라도 시간과 비용이 많이 들기 때문에, 사실상 청구 금액의 절반 이상을 포기하게 되는 경우가 허다하다. '외상 주고 뺨 맞는다.'라는 속담처럼, 외상 거래는 언제든 관계와 자산을 위협할 수 있다.

　대부분의 사기는 착한 사람의 탈을 쓰고 온다. 나 역시도 크게 작게 사기를 당했고, 남에게 창피하여 이 사실을 말도 못 한 적이 여러 번이다. 심지어는 '10배의 투자 이익을 준다.'라는 그럴듯한 제안을 한 유명인에게도 사기를 당했다. 경찰, 판사, 변호사 등 사회 지도층 인사들마저 사기를 당했다는 이야기, 그리고 내가 아는 성공한 CEO들이 사기를 당했다는 이야기는 부지기수다. 사기꾼은 똑똑한 사람에게 더 사기 치기 쉽다고 한다. 똑똑한 사람들은 자신의 판단력을 과신하고, '이 정도는 내가 충분히 통제할 수 있다.'라는 오만에 빠지기 때문이다. 사기 사건을 보면 믿기 어려울 정도로 기가 막힌 이야기가 많지만, 많은 사람이 당했다는 소식은 쉽게 들린다.

아무리 좋은 조건의 거래라 하더라도 정확한 검증과 원칙 준수, 그리고 철저한 리스크 관리가 필수다. 나의 사업 원칙 중 하나는 다음과 같다.

'열 번의 거래 중 의심스러운 점이 단 하나라도 있으면, 그 열 번의 거래 모두를 하지 않는다.'

열 번 중 단 한 번이라도 사기를 당한다면, 나머지 아홉 번에서 얻은 이익이 모두 사라질 수 있다. 물론 지나친 불신은 오히려 사업 기회를 놓치게 만들 수 있지만, 사업가라면 건전한 의심을 갖되 이를 철저히 검증할 수 있는 시스템과 능력이 우선이다. 의심을 한다고 해서 스스로 나쁜 사람이라는 생각은 버리자. 면밀한 검토가 우선이다. 나는 다음과 같은 원칙을 세웠다.

1. 돈은 절대 빌려주지 않는다. 100% 후회할 가능성이 크다. 돈 때문에 소중한 관계가 파탄 나는 것을 막기 위함이다.
2. 정말 도움이 필요한 상대방이라면, 나의 능력 범위 내에서 부담이 되지 않는 선에서 '그냥 준다'. 돌려받을 생각 자체를 하지 않는다. 이는 도움의 손길을 내밀되, 기대와 실망으로 관계를 해치지 않기 위함이다.

3. 만약 여전히 돈을 빌려줄지 말지 고민된다면, 다시 1번 원칙을 되새긴다. 망설임은 위험 신호이며, 원칙을 고수하는 것이 결국 가장 안전한 길이다.

건강한 인간관계는 돈보다 훨씬 소중하다. 이 원칙을 지키는 것은 당장의 아쉬움을 참는 일일지라도, 장기적으로는 후회 없는 삶과 소중한 인연들을 지켜낼 수 있다.

인맥은 내가 보인 태도의 집합이다

"연락처 숫자는 인맥이 아니다. 네가 먼저 손 내민 횟수가 곧 네 네트워크다. 시간을 정하고 가까운 사람들에게 '먼저 안부' 메시지를 보내라."

도움을 청하는 일은 사장답지 못하다고 생각했다. 모임에 나가서도 명함만 돌리고, 따로 도와달라거나 전화하지는 않았다. 사업을 하면서 친구 목록은 늘있지만 그들과 긴밀한 관계를 유지하거나, 인사를 하는 등의 행동은 하지 않았다. 일종의 자기 환상에 빠져있었다.
"혼자 해내야 진짜지."
전자칠판을 수출하던 Y 사장이 해외 반응을 알고 싶어 했다. 그의 딸은 대학을 함께 다닌 외국 친구들에게 자료와 영상을 보내 피드백을 받았다. 비용은 거의 들지 않았다. 딸의 인맥으로 쉽게 해외 반응을 모을 수 있었다.

특수 섬유를 연구하던 L 교수는 최고경영자과정에서 만난 사람들의 손을 빌려 사업화를 시작했다. 컨설턴트, 투자자, 창업가 등등의 사람들이 모였다. 이들은 L 교수와 친분이 있었기에 조금씩 힘을 보탰다.

"혼자선 길이 안 보였는데, 함께 서니 지도가 보였다."

항상 혼자서 무언가를 완성하려고 했던 나는 L 교수의 말에 오래 매달렸다. 혼자 해냈다는 체면을 차리기 위해서 계속 외로운 경주를 해야 할까?

나는 다른 사람에게 도움을 구하기 시작했다. 처음부터 도움을 청하는 것이 손에 익지는 않았다. 부끄러움이나 체면이 아직 내 마음을 죄고 있었기 때문이다. 도와달라는 말보다는 조금 돌려서 말할까 생각했지만, 구체적이고 명확한 의사 전달이 좋다고 생각해, 필요를 구체적으로 적어 메시지를 보냈다.

"이번 주 금요일, 30분만 통화 가능하실까요? 해외 총판 계약서 조항 검토가 필요합니다."

'요청은 공짜'라는 구실 뒤에 숨어 남의 시간과 평판을 소모하지 않기 위해, 보답을 꼭 하겠다고 말했다. 도와준 사람도 즐거운 마음에 도와주었기 때문에 내가 모른 척할 수는 없었다. 많은 사람이 도와준 이후에야 '혼자 할 수 있다.'는 생각이 얼마나 오만한 생각이었는지 깨닫게 되었다.

내가 모르던 길이 보였고, 여럿의 도움으로 '나 혼자' 보다는 '모두 함께'라는 말앞에 겸손하게 반응하기 시작했다. 더욱 겸손해질 수 있었다. 특히 사람 보는 눈이 생겼는데, 과장된 인맥을 자랑하는 사람들 특히 '나를 통하면 뭐든 된다.'는 유형을 멀리할 수 있었다.

관계는 혈관이다. 흐름이 돌면 일에 산소가 공급되었고 새로운 생각이 피어났지만, 막히면 좋은 아이디어도 괴사했다. 혼자 모든 것을 할 수 있다는 사람은 스스로 괴사의 영역에 들어가는 것은 아닐까? 나를 돋보이게 하고, 자랑하기 위해? 나는 최소한의 규칙을 세워 지켰다.

- 내공이 없으면 좋은 조언을 걸러낼 기준도 없다.
- 진지한 부탁에는 작아도 명확하게 보답한다.
- 이름, 관심사, 마지막 대화를 한 줄로 남겼다. 존중의 최소 단위였다.

우정이 없이는 아무도 살기를 선택하지 않는다.
아리스토텔레스, 니코마스 윤리학

아리스토텔레스의 말은 우정뿐 아니라 '일의 문법'이다. 성취는 능력의 산물만이 아니라 함께 움직이는 힘의 결과였다. 다른 사람과 함께 잘 지내는 일은, 인맥을 늘리는 일이 아니라, 다른 사람이 함께 할 만한 사람이 되는 자기 훈련이라고 생각했다.

돌아보니 한국의 모임 문화는 훌륭한 토양이었다. 다만 토양이 비옥하다고 모든 씨가 자라지는 않았다. 한국 사람은 모이기를 좋아하는 만큼, 모이다 보면 인맥이 단점이 되기도 했다. 목적 없는 모임은 시간을 낭비할 뿐이고, 지키지 않을 과장된 약속은 신뢰를 깎을 수밖에 없다. 시간의 효용을 떨어뜨리는 일등 공신은 바로 인맥이기도 하니까.

그럼에도 나는 함께 하는 사람들, 돕고 도와주는 사람들을 믿는다. 나 또한 도와주는 사람이 되려고 한다. 인맥은 숫자가 아니라 태도의 집합이기 때문이다. 정중하게 구한 도움만큼 상대를 기쁘게 하는 것은 많지 않은 것 같다. 상대의 능력을 인정하고, 또 그 사람이 내 삶에 매우 중요한 사람이라는 것을 알리는 일과 같으니까. 구체적으로 요청하고, 받은 것을 기록하고, 작은 방식으로라도 보답하며, 내 실력을 조용히 키우는 태도. 인맥은 내 태도의 결과다.

신뢰는 남보다 내가 먼저 쌓아야 한다

"사람들이 널 못 믿겠다면, 그건 운이 아니라 이력 때문이다. 약속 시간을 5분씩 땡겨 지키는 것부터, 신뢰란 숫자를 다시 쌓아라."

우리 회사의 단골 S 거래처로부터 평소보다 절반 이상 줄어든 주문량을 받았다. 단순한 매출 감소에 그치지 않고, 뭔가 이상하다는 직감이 들었다. 나는 새로운 상품을 소개한다는 핑계를 삼아 직접 S 회사를 방문했다. 구매 담당자는 그저 물건이 잘 판매되지 않아 재고가 쌓여있어 추가 주문이 늦어졌다고 설명했다. 나는 그의 설명을 듣고도 석연치 않은 마음에 직접 창고를 둘러보기를 요청했고, 그곳에서 믿기 힘든 사실을 확인했다. 창고에 보관된 우리 회사 상품들이 잘못된 보관 방식으로 인해 심하게 손상되어 있었다. 특히 캐릭터 상품의 경우 작은 흠집 하나, 포장 박스의 구김 하나도 구매에 큰 영향을 미치는데, 재고 관리 담당자는 이러한 문제에 전혀 관심이 없는 듯 보였다.

나는 그 자리에서 즉시 S 회사에 제안했다.

"이 문제, 저희가 해결해 드리겠습니다."

보관 중인 모든 제품의 포장 박스를 새것으로 교체해 주었다. 더 나아가 다음 재고부터는 이러한 문제가 발생하지 않도록 S 회사 창고에서 사용할 맞춤형 보관용 박스도 따로 준비해 함께 보냈다. 적극적이고 선제적인 조치 덕분에 S 회사는 빠르게 재고를 소진할 수 있었고, 나는 추가로 재주문을 받을 수 있었다. 장기적인 관점에서 파트너의 어려움을 함께 해결하려 한 노력이 결실을 맺은 것이다. S 회사는 우리 회사를 단순한 공급업체가 아닌, 진정한 '비즈니스 파트너'로 여겼다.

신뢰는 진솔한 행동을 통해 나온다. "프로답게 일해야지."라며 화내는 것에서 시작하지는 않는다. 행사용품에 사용하는 OEM 제품은 글자 하나하나가 매우 중요하다. 특히 상패 등은 이름이나 날짜 등이 한자라도 틀리면 몇십만 원짜리 제품이 쓸모없게 된다. 그래서 서로 두 번 정도 문안을 확인하고 납품한다. 단골이 연말에 사용할 상패를 많이 주문하였고, 서로 재차 확인 후 납품했다. 행사 며칠 전에 바이어 직원의 실수로 글자 한 자가 잘못된 것을 알게 되었다. 바이어는 자신의 비용으로 새로 만들 테니 시간을 맞추어 달라고 부탁했다. 비용보다 시간이 더 큰 문제였다. 나는 모든 추가 비용 없이 밤

샘 작업을 지시해 새로 만들어 행사에 맞추어 보냈다. 지불한 비용은 처음보다 2배 들었다. 손해였을까? 그 후 담당자는 자신이 아는 여러 곳에 우리 회사를 강력 추천하여 많은 주문을 받게 되었다.

사업 초창기 미국에서 인쇄물을 주문받아 한국에서 제작할 당시에 일이었다. 선글라스 회사에 카탈로그였는데 48 페이지 중 8페이지에서 교정 실수가 생겼다. 회사 전화번호의 두 자리가 틀린 상태로 인쇄되었다. 바이어는 전체 인쇄를 다시 요구했다. 이해는 한다. 회사의 전화번호가 틀렸다니. 다시 인쇄하기에는 큰 손실을 봐야 했다. 재인쇄 시 납기 기간 문제로 위기에 봉착할 수밖에 없었다. 하지만 인쇄소 사장은 인쇄를 다시 해 주었고, 자신의 모든 능력을 동원하여 운송 방법이나 통관절차 등 어려운 납기 문제도 해결해 주었다. 그 덕분에 나는 무사히 납품을 하게 되었다.

그 이후로 나는 협력업체가 자금난일 때 가급적 선수금을 줬다. 서류상 신용거래가 가능해도, 실제로는 그 돈이 다음 납기와 품질을 지켜 수는 안선빈이 되어주있다. 바이어든 공급시든, 상대의 위기는 곧 나의 리스크이기도 하니까. 내가 번 만큼 같이 번다는 원칙이, 결국 나를 더 오래 가게 했다. 이는 '공급망 관리(Supply Chain Management)'의 핵심 원칙인 리스크 분산과 안정성 확보와 일맥상통한다.

사업은 거래 당사자 모두가 윈윈(Win-Win)해야만 지속 가능하다는 것이 나의 변치 않는 경영 철학이다. 바이어든 공급자든 그들은 나의 중요한 사업 파트너이다. 그들을 단순히 거래처로만 볼 것이 아니라, 궁극적으로 나의 사업 성공을 함께 만들어가는 '동업자'라는 생각을 가져야 한다. 상대방이 내 상품의 재고를 많이 가지고 있다면 이는 곧 판매 부진을 의미하고, 결국 나에게 더 이상의 주문이 없어진다는 뜻이다. 마찬가지로 하청업체가 자금 사정으로 어려움을 겪어 제품 생산에 차질이 생기면, 이는 최종적으로 나의 생산과 납기에도 악영향을 미친다. 악영향을 미친다고 해서 화를 낼 것은 아니다. 화를 내서 고쳐질 일이면 좋지만, 앞으로도 작업을 같이 해야 한다면 따끔하게 이야기한 후에 작업을 이어 나가는 것이 좋다. 사업의 성공은 사업 파트너들과 얼마나 견고하고 건강한 윈윈 관계를 만들어내는가에 달려 있다.

비즈니스도, 삶도 '제로섬 게임(Zero-sum Game)'은 아닌 것 같다. 상호 신뢰와 존중을 바탕으로 협력한다면 모두가 함께 번영하는 윈윈이 삶의 지혜이다. 공급자에게는 안정적인 거래처와 정당한 이윤을 제공하고, 유통업체에게는 품질 높은 상품과 효율적인 재고 관리를 지원하며, 고객에게는 만족스러운 제품과 서비스를 선사하는 것이 진정한 상생의 실천 방식이다.

상생의 길은 결코 쉬운 일은 아니다. 이해관계가 복잡하게 얽힌 비즈니스 세계에서 모든 당사자를 만족시키는 것은 지난한 과제이다. 어느 한쪽이 일방적으로 희생을 강요하는 것이 아니라, 끊임없는 소통과 유연한 타협을 통해 상호 이익을 극대화할 수 있는 최적의 균

형점을 찾아야 한다. 파트너들의 고민에 귀 기울이고 그들의 입장을 깊이 이해하려는 노력이 핵심이다.

경영자에게는 혜안과 리더쉽이 필요하다. 개별 기업의 단독적인 성공을 넘어, 협력사들과 함께 성장하는 큰 그림을 그릴 수 있어야 한다. 이기적인 경쟁보다는 이타적인 협력을 도모하며, 자신의 사업이 속한 비즈니스 생태계 전체의 건강과 균형을 꾀해야 한다. 결국, 사업의 본질은 혼자서만 가치를 실현하는 것이 아니라, 모든 구성원과 함께 가치를 창출하고 공유하는 것이다.

상대방의 만족은 현실 적합성의 증거이기도 하다. 대부분의 사업에서 과오를 범하는 것은 나온 지 '잘했다.'라고 생각하는 일이다. 하지만 나의 취향이 곧 타인의 만족과 일치할 것이라는 생각은 하지 말자. 자기에 대한 평가보다는 타인의 만족이 우선이다. 내가 만든 제품, 서비스, 글, 태도로 누군가의 문제를 해결했다는 뜻이기 때문이다. 이런 현실적인 증거가 쌓여야 나의 판단을 현실적으로 조정할 수 있다. 성장의 뼈대다.

타인의 만족을 위해서는 문제를 정확히 파악하는 감각, 핵심을 선택하고 불필요를 버리는 결단, 결과를 전달하는 언어와 타이밍, 문제가 생겼을 때 복구하는 절차가 필요하다. 정말로 그 사람이 되어서 문제를 해결해 줘야 만족한다. SNS를 키울 때 다양한 방법이 등장하는 것 같다. 하지만 SNS도 본질적으로 나의 콘텐츠를 보는 사람들의 만족이다. 시대와 매체는 변해도 본질은 변하지 않는다.

고객의 만족을 자신의 최우선 가치로 둘 때, 자신의 미성숙한 부분을 깎아낼 수 있다. 자신만 보던 시야에서 타인의 관점을 수용하기 때문이다. 제품을 만들 때 자기 합리화를 조심해야 한다. 처음 사업을 시작하는 사람들은 자의식이 독이 되곤 한다. '뭐든지 할 수 있다.' 열의가 가장 넘치는 시기가 사업 초창기다. 이때 큰돈을 들여 자신의 제품을 만드는 데, 나의 취향이 곧 타인에게 통할 것이라 생각한다. 이때는 최대한 많이 물어보자. 방어적 자세를 취하면 오히려 위험한 시기다. 노하우도 데이터도 없기 때문이다. 자신을 낮추는 방법이야말로 최선의 방법일 수 있다. 타인의 만족을 먼저 배우자.

 타인을 만족시키면 신뢰는 저절로 따라온다. 둘은 매출을 높이는 두 마리 말이다. 늘 함께 다닌다. 이를 위해서는 자신을 깎아내는 노력이 필요하다. 나의 만족보다 타인의 만족과 신뢰를 우선시하자.

신용은 계약서 밖에서 자란다

"계약서대로만 움직이겠다는 태도는, '최소한만 하겠다'는 선언과 같다. 문제가 생기면 손해를 조금 보더라도 네가 먼저 전화해서 풀어라."

홍콩이 중국에 반환되기 전, 세계적인 자유무역항으로써 최고의 신용 검증 시스템을 갖춘 도시였다. 홍콩은 매년 수많은 세계적인 무역 전시회를 개최했고, 전 세계 무역업사들이 제품을 판매하거나 구매하기 위해 찾는 도시였다. 우리나라의 업체들도 제품 판매를 위해 국내보다 홍콩 전시회에 참여해야만 더 높은 성과를 얻을 수 있다는 이야기가 돌았고, 실제로도 그랬다.

무역 에이전트들은 바이어와 공급업체에 대한 정확한 신용 정보를 실시간으로 확보했다. 홍콩 전시장에서 나와 처음 거래하는 경우에도, 업체들은 홍콩 무역 시스템을 통해 나의 신용 상태를 즉시 확인할 수 있었다. 나의 신용 상태를 확인한 후에는 진지하게 상담했다. 나 역시 그 회사에 대해 신뢰할 수 있는 정보를 얻을 수 있었으니, 서로 믿고 상담과 거래를 어려움 없이 시작할 수 있었다. 홍콩에는 거의 30년 이상을 이어온 업체가 많다. 이러한 신뢰 관계를 바탕으로, 그들은 나의 자금 상황이 좋지 않으면 좋아질 때까지 거래 결제를 기꺼이 미뤄주기도 했고, 나 역시 그들이 자금 사정이 나쁠 때는 선수금을 미리 송금하여 어려움을 덜어주었다.

 문제는 미국에서 시작한 첫 사업이었다. A 사는 이름 없는 신참같은 나에게 예약 주문에 대한 전액 선지급을 요구했다. 감수하고 몇 번 거래를 이어 갔지만, 매번 현금을 마련하긴 버거웠다. 그래도 버텼다. 그러던 어느 날, 그들의 빅바이어 B가 내 성실함을 보증했다는 소식이 왔다. A 사는 즉시 외상거래를 열었고, 유리한 조건까지 제안했다. 그 거래는 내 사업의 뼈대가 되었다. 같이 움직이던 신입 직원에게 이야기했다.

 "사장님의 성실함이 이렇게 큰 힘이 될 줄 몰랐습니다"

 비슷한 일이 국내에서도 있었다. 대기업이 H 선풍기 3,000대를 우리에게 주문했다. 누구나 제조사에 직구할 수 있고, 우리가 제시한 가격은 15% 비쌌다. 이유를 묻자 담당 부장이 말했다.

 "관리와 납품을 당신들이 하면 임원들이 '잘했다'고 합니다. 다른 데는 늘 사고가 나요. 당신들이 관리하면 15% 이상 절약할 수 있습니다."

고객이 산 것은 선풍기가 아니라 성실함과 신뢰였다.

신뢰가 높은 사회는 거래 비용이 낮고, 큰 규모의 협력을 가능하게 한다.

프랜시스 후쿠야마

"평판을 쌓는 데는 20년이 걸리지만 그것을 무너뜨리는 데는 5분이면 충분하다."고 말한 워렌 버핏을 생각하면, 신뢰는 복리 같은 것이다. 서로 신뢰하면 당연히 비용이 적을 수밖에 없다. 아니 오히려 낮은 비용으로 사업하는 것이 아니라, 더 안전하고, 높은 소득을 올릴 수 있다.

요즘은 기업의 재무 상태, 과거 거래 이력, 평판 등 다양한 정보를 온라인을 통해 파악할 수 있다. 사업에서 신용은 때로 돈보다 더 강력한 힘을 발휘한다. 나 역시 '신용'을 자본 삼아 사업을 시작했다고 해도 과언이 아니다. 주변 사람들이 나를 믿고 물건을 신용으로 공급해 주었고, 어려울 때도 이해하고 기다려주었기에 버틸 수 있었다.

신용은 눈에 보이지 않는 자산이다. 형체는 없지만 분명히 존재한다. 신용은 한순간의 잘못된 선택이나 행동으로 무너질 수 있으나, 오랜 시간 쌓아온 신용은 쉽사리 사라지지 않고 장기간 기업과 개인의 경쟁력으로 작용한다. 마치 단단한 바위처럼, 한번 자리 잡은 신용은 어떠한 풍파에도 흔들리지 않는 기반이 된다.

앞으로의 사회는 인터넷의 발달로 정보의 투명성이 높아지면서, 신뢰가 더욱 중요한 기반이 될 것이다. 블록체인 기술과 같은 분산원장기술(데이터를 공동으로 기록하고 공유하며 동기화하는 기술)은 개인과 기업의 신용을 더욱 투명하게 기록하고 평가할 수 있는 환경을 만들고 있다. 신뢰를 얻기 위해서는 약속을 반드시 지키고 진실한 소통을 꾸준히 이어나가는 노력이 필수적이다. 신용을 잘 관리하는 것은 개인과 기업 모두에게 성공을 위한 필수 요건이다.

신뢰는 외형에서 나오지 않는다. 대부분의 사람들은 타인에 대한 믿음, 존경심, 신뢰를 그 사람의 경제력이나 사회적 직책 같은 외형적인 요소로 판단하는 경향이 있다. 이는 상대방이 경제적 여유가 있을 때는 존경심을 표하다가도, 어려움에 처했을 때는 쉽게 무시하고 인연을 끊는다. 소위 '돈 떨어지면 사람도 떨어진다'는 냉혹한 현실을 보여주는 단면이다. 하지만 돈보다는 신용이 우선이다.

신용을 우선하면 돈을 모을 수 있다. 가치와 문제는 모두 '사이'에서 생긴다. 대부분 계획과 다르게 발생하는 문제는 역할과 역할, 단계와 단계 사이에서 터진다. 사업뿐만 아니라 생활에서도 대부분의 문제는 사이에서 터진다. 연락 공백, 인수인계, 기준의 차이 같은 것 말이다. 사이의 문제를 줄이면 비용도 당연히 줄어든다. 표면은 그럴듯해 보여도, 보이지 않는 수정, 정리, 검증은 비용을 담보로 행해지기 때문이다. 그래서 단순하게 계약만 따르는 사람보다 이런 문제에 대해 신중하게 이야기하는 사람을 모두 선호한다.

그래서 "이 이 사람은 끝까지 처리한다.'는 평판은 계약서 밖에서 생긴다. 음식 장사를 하는 사람에게 음식을 잘하는 일은 그 사업을 하는데 기본 전제일 뿐이다. 음식을 잘해야 요식업의 출발 선상에 설 수 있는 것이다. 그리고 고객과 신뢰를 어떻게 쌓아 가는지에 따라 더 돈을 잘 벌게 되거나, 소리 소문 없이 사라지거나 하게 된다. 일도 그렇다. 계약을 잘 이행하는 것은 기본이다. 그 이후에 어떻게 하는지에 따라 신뢰가 바뀐다.

나는 계약서보다 비용이 추가되더라도 더 많은 혜택을 고객에게 주려고 노력한다. 고객은 우리 제품에 대해서는 우리보다 전문 지식이 없기 때문에 현재 미래에 생기는 문제점을 모를 수 있다. 고객이 이익이 되면 우리도 이익이 된다.

돈 앞에는 형제도 없다.

한국 속담

원칙과 호의를 구별하라

"너에게만 유난히 잘해 주는 사람은, 대개 너에게서 뭔가를 빼내고 싶은 사람이다. 관계에서 숫자와 규칙이 사라지면, 그때부터는 멈추고 살펴라."

"좋다. 이런 손님이 진짜 손님이지."
현금 거래였기에 별도의 신용 검사는 진행하지 않았다. 열흘 후 다시 주문과 동시에 송금을 하며 1,000만 원 상당의 성품을 추가로 구매했다. 이 정도면 상당히 좋은 고객이라 생각했고, 우리는 그와의 거래에서 신뢰가 생겼다.

얼마 후, 상대 회사의 전무는 자신들이 대형 마트에 제품을 공급하는 유력 벤더 회사라며, "물건만 좋으면 선불로 지불하겠다"는 적극적인 태도를 보였다. 몇 개월 후, 전무는 우리 제품이 훌륭하다며 2억 원 상당을 주문했다. 그는 큰 금액은 어음으로 해야 한다며, 절반은 선수금으로 3개월짜리 어음을, 나머지 절반은 납품 시 현금으로 지급하겠다고 했다. 우리 회사의 영업 원칙상 상장사가 아니면 신용 거래를 하지 않았지만, 놓치기 아까운 대량 주문이었다. 몇 가지 의심스러운 점들이 있었으나, 일단 주문 제품의 생산을 시작하기로 결정했다. 나는 곧바로 회사 부장에게 구매자 회사의 신용을 파악하기 위해 직접 방문해 보라고 지시했다.

부장이 방문 약속을 잡고 그곳에 도착했을 때, 회사 입구부터 회계 창구까지 결제를 받으러 온 약 10명의 사람들이 대기 중이었다고 한다. 부장이 그들에게 어디서 왔느냐고 물었더니, 현대건설이나 엘지건설 같은 대기업 직원들이었고, 결제 어음을 받으러 왔다는 답변을 들었다. 이에 부장은 '대기업이 어음 받을 정도면 이 회사는 최고의 신용도를 가진 회사'라고 판단하여 나에게 긍정적인 보고를 했다.

나는 직감적으로 뭔가 석연치 않다는 느낌을 지울 수 없었다. 대기업 직원들이 왜 직접 와서 어음을 받으러 기다릴까? 전화로 확인하면 될 일인데. 나는 추가 조사를 지시했다. 그 결과, 회사 대표는 전문적인 '바지 사장'이었으며, 그의 이름으로 13건의 범죄 기록(폭행, 사기, 결혼 빙자 사기, 공문서위조 등)이 있는 명백한 사기꾼이라는 사실이 드러났다. 나는 즉시 제품 생산 작업을 중단하도록 지시했다.

납품 기한을 늦추자 상대 회사의 전무는 초조해하며 "납품만 하면 다음 날 현금을 모두 지급하겠다"며 납품을 재촉했다. 우리는 이미 사기임을 인지하고 있었기에, 약속대로 선수금 없이는 제작이 어렵다는 입장을 고수하며 그들의 요구를 단호히 거절했다.

납품 예정일 이틀 후, '딱지 어음 사기 사건'이 톱뉴스로 보도되었다. 전국적으로 수많은 업체가 동일한 수법에 당했다. 우리와 거래하려고 했던 그 업체였다. 그 사기꾼들은 우리에게 완벽한 사기를 치기 위해 약 10명의 사람을 동원하여 줄 서서 기다리게 하며, 치밀한 연극을 펼쳤던 것이다.

사기꾼들은 보통 2~3년에 걸쳐 치밀하게 전략을 세우고, 적은 돈을 들여 신뢰를 쌓은 다음 한 번에 큰 건수를 노린다. 상거래에서 이러한 사기 행위는 우리가 상식적으로 아는 불법적 행위와는 달리 법적으로 처벌하기가 쉽지 않다. 사기꾼들은 법의 테두리 안에서 합법을 가장하여 치밀하게 준비하기 때문이다. 사실 이 정도의 사기 수법이라면 웬만한 초보 사업자는 한방에 큰 피해를 볼 수밖에 없다. 더욱이 현금을 급하게 필요로 하는 사업자에게는 달콤한 조건으로 접근하니, 사기를 당할 수밖에 없는 경우가 많다. 아무리 큰 대기업이라도 경영 상황에 따라 파산할 수 있는 것이 비즈니스 세계의 현실이다. 대기업 직원들이 수백억 원, 심지어 천억 원대의 횡령을 당하거나, 여러 기업이 외국인 바이어에게 사기를 당했다는 이야기는 부지기수다.

대부분 신뢰를 검증과 같이 두지 않는다. 두 개념은 마치 상반되는 개념처럼 보인다. 신뢰하지만 검증을 하는 일은 자신을 보호하는 일임에도, 사람들은 검증을 의심, 배신 정도로 생각한다. 검증 자체를 보면 좋은 것임에도, 신뢰와 함께 두고 보면 이상하게 생각하는 사람이 있다. 신뢰한다면 검증하자. 검증은 신뢰를 강화하는 수단이다. "그렇게 신용이 좋은데 검증을 왜 해요?" 라고 묻는 사람이 있다면, 요즘 말로 가스라이팅 하는 사람이다.

일단 이유 없어 보이는 호의에도 의심할 필요는 있다. 호의에는 비용이 든다. 커피를 사는 작은 호위만 하더라도, 커피값 혹은 시간이 든다. 정확하게 이야기하면 시간, 노력, 비용이 든다. 누구는 타인에게 호의를 베푸는 이유가 정말로 사랑을 실천하기 때문이라고 말하는 사람도 있다. 이런 사람들은 적어도 기준이라는 긴 시간의 생각 누적을 가지고 있다.

따라서 '이유 없는 호의'는 거의 존재하지 않는다. 우리가 호의라고 하는 행동은 근본적으로 공감, 만족, 자기 이미지 유지라는 심리적 요인을 가지고 있다. 타인에게 공감하며 자신의 불편도 축소할 수 있고, 감정적 보상으로 만족을 느낄 수 있다. 또한 이런 활동을 통해 자기 이미지 구축 및 유지를 한다. 타인에게 보이는 것뿐만 아니라 스스로 자신을 생각하는 이미지도 포함한다. 그래도 심리적 이유는 따뜻한 이유가 많다.

사회적인 이유는 냉정하게 바라봐야 한다. 하지만 이유가 있다는 말과 계산적이라는 말은 다르다. 사회적인 이유에 따라 호의를 베푸는 것도 이유가 있는 것이지, 계산적인 것은 아니다. 상호 간에 주고받는 규범적 성격이 있다. 호의를 베풀면 자신에게 호의가 되돌아오기를 바란다. 준 것을 되돌려받길 바라는 압박 같은 것이 존재한다. 또한 평판, 신뢰 축적이라는 것도 있다. 이 경우는 함께할 사람으로 보이고 싶은 의도를 숨기고 있다. 모두 좋은 사람으로 보이고 싶어 한다. 같은 팀 내에서도 잘 지내고 싶은 신입이 커피를 대접하는 경우도 있고 반대의 경우도 있다. 또한 공동체 유지라는 차원에서도 호의를 베풀 수 있다. 한 회사의 대표로서 직원들에게 식사를 대접할 수도 있다.

 좀 더 깊은 차원에서 생각하자면 정의감, 신념, 혹은 의미 추구 같은 것들이 있다. 이는 거래는 아니고 가치의 수행이다. 하지만, 이유가 없는 것은 아니다. 그렇기 때문에 호의를 아무 의미 없이, 갑자기 하기는 어렵다. 어떤 사람이 갑작스럽게 호의를 베푸는 일은 반드시 확인을 거쳐야 한다.

다른 세대와 유연한 관계 맺기

"서로를 이해 못 하는 게 아니라, 서로의 언어를 배우지 않은 거다. 한 세대 위, 한 세대 아래 사람들의 콘텐츠를 일부러 찾아보고, 그 안에서 존중할 지점을 메모해 둬라."

나는 가성비를 찾고, 아들은 가심비를 찾는다. 나는 스타벅스 커피와 2,000원짜리 저가 커피의 맛 차이를 잘 모른다. 물론 고급 커피가 정말 맛있고 그만한 가치가 있다면 기꺼이 스타벅스 커피를 마시겠지만, 나의 판단으로는 브랜드 차이일 뿐이지 가격 대비 성능 면에서는 저가 커피가 훨씬 효율적이라고 생각한다. 아침 출근길에 같은 건물에서 나는 2,000원짜리 커피를 사 오는데, 아들은 스타벅스 커피를 사 왔다. 무슨 차이가 있어서 비싼 스타벅스 커피를 사느냐고 물으니, 아들은 당연하다는 듯이 가성비보다 가심비(가격 대비 심리적 만족감)도 중요한 가치라고 답했다.

패션 업계에서 일하는 H 사장 지인도 비슷한 푸념을 늘어놓은 적이 있다. 그는 자기 자식들이 옷의 원단이나 품질과는 상관없이 오직 브랜드만 보고 옷을 구매한다는 것이다. 싸구려 원단에 유명 브랜드 로고만 붙여서 비싸게 파는 옷을 사는 것을 도저히 이해할 수 없다고 고개를 저었다. 그러나 자식들에게는 브랜드가 주는 심리적 만족감, 즉 '이 브랜드를 입음으로써 내가 어떤 사람으로 보일까?' 하는 자아 표현과 소속감이 구매의 핵심 동기다. 자신의 정체성과 라이프스타일을 표현하는 수단이 된 것이다.

　기성세대는 전쟁의 폐허와 경제 성장의 시대를 거치며 실용성과 합리성을 최우선 가치로 삼아왔다. 물건의 본질적 기능과 품질 대비 가격을 꼼꼼히 따져보는 것이 당연했고, 낭비를 죄악시했다. 하지만 젊은 세대에게는 물건 자체의 가치, 구매 과정에서 얻는 심리적 만족감, 특정 브랜드가 주는 소속감, 그리고 이를 통해 자신을 표현하는 방식이 구매 결정에 중요한 영향을 미친다.

　이러한 차이는 단순한 소비 패턴의 변화가 아니라, 각 세대가 살아온 시대적 배경과 경험에서 비롯된 고유한 가치관의 차이를 보여준다. 아들 세대는 기본적인 욕구 충족을 넘어 정서적, 사회적 욕구에 더 큰 가치를 두며, 브랜드는 단순한 상표가 아니라 자신의 정체성과 라이프스타일을 표현하는 수단이 되었다. 기성세대의 실용주의도, 젊은 세대의 감성 소비도 각각의 시대적 배경과 경험에서 나온 합리적 선택이다.

서로 생각의 차이가 있으니 당연히 조언을 듣는 다음 세대는 적다. 자식이 커가면서 부모들의 푸념은 대개 비슷하다.

"자식에게 아무리 좋은 말을 해도 귀담아듣지 않는다."

"내 자식이지만 도무지 무슨 생각을 하는지 이해가 되지 않는다."

"미래를 위한 준비를 전혀 하지 않는다."

같은 말부터, 때로는 심하면,

"자식과 등지고 살아야 한다."

라는 극단적인 생각에까지 이르게 된다. 우리가 그 나이였을 때를 되새겨보면 실소가 터져 나온다. 우리 역시 마찬가지였고, 어쩌면 지금의 자식들보다 더 심하게 부모 속을 썩였던 경험이 있다.

세대 차이는 인류 역사와 더불어 존재해 온 보편적인 현상이다. 이는 단순히 나이의 다름을 넘어, 각 세대가 성장하며 경험한 시대적 배경, 사회·경제적 환경, 기술 발전의 속도, 그리고 문화적 흐름 등이 복합적으로 작용하여 형성된 고유한 가치관과 세계관의 차이를 의미한다. 60년의 세월을 살아온 우리 세대와 20년, 30년을 경험한 젊은 세대의 생각과 감수성에는 현저한 간극이 존재한다. 중학생이 되면 초등학생을 이해하기 어렵고, 고등학생이 되면 중학생의 고민이 한없이 유치해 보이는 것과 같은 이치다. 이는 경험을 해본 자와 아직 경험해 보지 못한 자의 본질적인 차이에서 비롯된다(그렇지만 나이가 많다고 늘 옳은 것도 아니다.).

'너도 나이 먹어 보면 안다'는 말은 누구나 부모 세대에게 한 번쯤

듣는 말이다. 젊어서는 그저 어른들의 고리타분한 잔소리나 억지 푸념이라고 생각했으나, 부모 세대의 입장이 되어보니 어른들의 말씀을 이해하게 된다.

'너는 늙어봤냐? 나는 젊어 봤단다.'

라는 유행가 가사에 진정 공감하게 된다. 귀엽기만 하던 자식이 점차 자라면서 반항하는 모습은 묘하게도 과거의 내 모습을 비추는 거울처럼 보이기도 한다. 아들의 반항으로 비로소 부모님의 입장을 온전히 이해하는 순간을 맞이한다.

하지만, '늘 내가 옳다.' 혹은 '나의 말을 따라야 한다.'는 것은 아니다. 세대 간의 조화를 위해서는 각 세대가 서로를 이해하고 존중하려는 적극적인 노력이 필수적이다. 이는 일방적인 희생이나 양보가 아니라, 상호 간의 성장과 발전을 위한 지혜로운 투자다. 나는 다음 사항을 세대 간 소통을 위해 필요하다고 본다.

사랑과 이해에서 시작되는 이 여정은 부모와 자식, 그리고 모든 세대가 서로를 존중하고 이해하려 노력할 때 비로소 진정한 의미에서 하나가 될 수 있는 길을 열어줄 것이다. 비슷한 말은 많다. 이런 충고가 나도 꼰대 같아 보이지만, 어쩔 수 없다.

3장

성장을 위한 기본

당연한 것을 다시 생각하자

"다들 그렇게 한다는 말은, 생각을 멈추겠다는 신호다. 익숙한 일 한 가지를 골라 '만약 오늘 처음 한다면 어떻게 할까'를 적어 보라."

나는 미국에서 교포 신문 기자로 일하던 친구 A를 처음 만났다. 그는 성실하게 교포 기업 탐방 기사를 많이 썼는데, 어느 날 기사 취재차 방문했던 한 회사 사장으로부터 돌연 기업 매각 소식을 듣게 되었다. 평소 독립해서 사업을 꿈꿨던 친구 A는 오랜 고민 끝에 그 회사를 인수하기로 결심했다. 그의 눈에는 낡고 비효율적인 회사 시스템 속에서도 성장 잠재력이 보였다.

야심 찬 시작과는 달리, 경험과 경영 노하우의 부족으로 그의 회사는 얼마 지나지 않아 존폐의 위기에 봉착했다. 모든 재산을 털어 회사를 인수한 후, 반년 만에 자금난에 직면했다. 은행 대출은 불가능해졌고, 심지어 주요 공급처에서 더 이상 제품을 공급받지 못하는 상황에 이르렀다. 인수 후 전수조사 결과, 창고는 팔리지 않는 악성 재고로 가득했다.

그의 눈에 띈 것은 유행이 완전히 한물간 '목욕탕 시계'였다. 시계는 산더미처럼 쌓여 있었다. 지름 15cm 정도의 평범한 크기로 끈이 달려 있어 욕실 벽에 걸기 적합한 형태였지만, 4~5년 전 유행이 완전히 끝난 탓에 헐값에도 좀처럼 팔리지 않는, 골치 아픈 애물단지였다. 폐기 처분하는 것이 오히려 이득일 정도였다.

친구 A는 절망감에 빠져 있었다. 그런데 그러던 어느 날, 그의 친구가 기발한 제안을 던졌다.

"이 시계를 흑인 랩 가수들에게 선물로 보내 보는 건 어때?"

당시 한국인으로서 상상하기 어려운, 전혀 새로운 마케팅 방법이었다. 당시 주류 시장에서는 더 이상 통하지 않던 제품을, 비주류 문화의 아이콘인 랩 가수들에게 선물한다는 발상은 파격적이었다. 물건을 보내는 비용과 품이 많이 들었지만, 친구 A는 지푸라기라도 잡는 심정으로 백여 명의 흑인 랩 가수들에게 그 시계를 보냈다.

예상치 못한 곳에서 반전의 기회가 찾아왔다. 선물을 받은 한 흑인 랩 가수가 그 시계를 목에 걸고 미국 MTV 방송에서 노래를 불렀던 것이다. 화장실용 시계라는 기존의 용도와는 전혀 다른, 파격적인 패션 아이템으로 변모했다. 그의 음악이 전국 매스컴을 타며 폭발적인 인기를 끌자, 그 시계는 순식간에 전국적인 '인싸' 아이템으로 등

극했다. 아침에 일어나보니 회사 문 앞에는 시계를 사려는 소비자와 판매업자들이 장사진을 치고 있었고, 악성 재고였던 시계는 눈 깜짝할 사이에 전량 팔려 나갔다. 그로 인해, 예상치 못한 홍보 효과로 다른 제품들까지 덩달아 잘 팔리게 되었다. 회사는 전미에서 유명해졌고, 기대 이상으로 성장했다. 이른바 '인플루언서 마케팅'의 원형을 보여준 것이다.

내가 드나들던 한 유대인 사업가의 사무실은 10평도 안 되었다. 우유 플라스틱 상자로 만든 진열대, 식당 광고지를 뒤집어 메모지로 쓰는 직원들. 재고도 없었다. 그는 맨해튼 수입상과 판매상의 정보를 모아 연결해 주는 데만 집중했다. 매일 샘플을 보고, 누구에게 무엇이 필요한지 찾아 맞췄다. 그의 지론은 늘 같았다.

"물건 탓하지 말자. 고객을 못 찾았을 뿐이야."

그 말에 나는 고개를 끄덕였다. "맞아, 문제는 시장이 아니라 우리의 시야야."

두 이야기에 숨은 공식이 같다. 용도와 고객을 다시 정의하면 상품이 다시 살아난다. 슘페터는 그래서 이렇게 썼다.

창조적 파괴의 과정이야말로 자본주의의 본질적 사실이다.

슘페터

A가 한 일은 재고를 파괴한 게 아니라, 재고의 의미를 파괴해 새

의미로 갈아탄 일이었다.

> **정보의 풍요는 주의의 빈곤을 만든다.**
>
> 허버트 사이먼

우리가 팔아야 할 것은 물건 자체보다 이야기와 맥락이다. 정보는 넘쳐난다. 사람들은 같은 이야기, 비슷한 이야기에 주의를 기울이지 않는다. 같은 이야기를 만들어봐도, 지루할 뿐이다. 래퍼의 목에 걸린 시계는 단순한 기능을 넘어 이야기 거리가 되었고, 유대인 사업가는 정보의 매칭으로 이미지를 확장시켰다.

1988년 쯤 뉴욕에서 삼십 대의 나이에 사업을 시작할 때, 나에게는 경력이 많은 오십 대 미국인 직원이 있었다. 그는 회사에서는 신입직원이었지만, 불과 몇 달 만에 제품 정보와 거래처에 대해서는 회사에서 제일 잘 알고 있었다. 처음 사업을 시작한 나에게 그가 준 조언이 지금도 생생하게 기억난다.

"보스, 사업은 실시간 전쟁터와 같습니다. 경쟁업체와도 전쟁하지만, 바이어(구매자)와도 전쟁하는 겁니다. 바이어는 때로는 당신보다 제품에 대해 더 많이 알고 있을 수도 있습니다. 상대방이 제품에 대해 물어볼 때 내가 모른다면 나는 지는 겁니다. 바이어보다 성능 좋은 무기(Weapon)가 없으면 나는 죽는 겁니다. 그가 권총을 쏘면 나는 기관총을 쏴야 하고, 상대방이 기관총을 쏘면 대포라도 준비되어 있어야 합니다. 우리가 정말 좋은 무기가 준비되었습니까?"

'영업에 대한 준비'를 '무기'라고 불렀다. 새로운 제품에 대한 설명을 할 때면 항상 "좋은 무기를 달라."는 식으로 말했다. 다소 과격한 표현이라고 생각했지만, 시간이 지나면서 그의 말이 정확했다. 실제로 영업 현장은 전쟁터나 다름없다. 고객은 단순히 제품을 사러 오는 수동적 존재가 아니라, 최고의 조건과 가치를 찾기 위해 끊임없이 비교하고 검증하는 능동적인 존재다. 때로는 영업사원보다 제품에 대해, 혹은 경쟁사 제품에 대해 더 많이 알고 있기도 하다. 분명 나의 제품보다 좋은 제품은 있고, 이런 상황에서 철저히 준비되지 않은 영업사원은 고객의 질문 앞에서 무력해질 수밖에 없다. 어설픈 답변은 신뢰를 잃게 하고, 결국 다른 경쟁업체로 고객을 떠나보내는 결과를 초래한다.

그가 말한 '무기'란 단순히 제품 지식을 넘어서는 포괄적인 준비를 의미했다. 제품의 기술적 세부 사항은 물론이고, 경쟁사 제품과 차별점, 고객의 업계 동향, 시장 상황, 심지어 고객사의 내부 문제나 개인적 취향까지 모든 것이 '무기'가 될 수 있었다. 삼십여 년이 지난 지금도 그의 조언은 여전히 명료하고 정확하다. 디지털 시대가 되면서 정보 접근이 쉬워졌지만, 오히려 고객들의 눈높이는 더욱 높아졌다. 정보가 많으니 주의를 끌기는 더욱 어렵다. 뾰족한 무기가 필요하다. 인터넷으로 미리 조사하고 오는 고객들을 상대하려면 더욱 철저한 준비가 필요하다. 단순한 제품 설명이 아니라 고객의 문제를 해결해 줄 수 있는 '솔루션'을 제시할 수 있어야 한다.

회의든 협상이든, 상대방보다 더 많이 알고 더 잘 준비된 사람이 주도권을 잡는다. 이는 단순히 정보량의 문제가 아니라 상대방에 대한 존중과 프로페셔널리즘의 표현이기도 하다.

"당연한 것을 다시 생각하자. 영업은 전쟁이다. 강력한 무기를 만들자!"

여전히 영어는 필수다

"세계와 대화할 언어를 포기하면, 네 인생의 무대도 같이 줄어든다."

미국에서의 첫 직장 면접은 나에게 큰 난관이었다. 다른 모든 조건은 좋았지만, 영어 테스트에서 만족스럽지 못한 점수를 받았다. 긴장 탓에 평소보다 영어 면접을 잘 수행하지 못했던 것이다. 면접관은 나의 한국에서의 경력과 잠재력을 높이 평가했지만, 영어 실력에 대한 우려를 내비쳤다. 그때 나는 과감한 제안을 던졌다.

"한 달 후에 최종 결정을 내려 주시면 좋겠습니다. 그 안에 만족할 만큼 영어를 구사하지 못하면 자진 퇴사하겠습니다."

사실 영어 실력에 대한 절대적인 자신은 없었으나, 열심히 일하고 현장에서 부딪히면 충분히 극복할 수 있을 것이라는 막연한 기대가 있었다. 한국에서는 나름대로 영어를 한다고 자부했지만, 막상 미국인들 사이에서 영어를 유창하게 사용하며 비즈니스 소통을 하는 것은 어려웠다.

나는 거의 모든 시간을 영어에 온전히 몰입했다. 출근 전 일찍 회사에 나가 영어 신문을 읽고, 퇴근 후에는 영어 회화 학원에 다니며 원어민 강사들과 끊임없이 대화했다. 특히, 회사 동료들의 도움을 많이 받았다. 그들은 내가 영어를 더 잘할 수 있도록 업무 시간 중에도 기꺼이 시간을 내어주었고, 내가 틀리는 부분을 스스럼없이 교정해 주었다. 현장에서 실전으로 반복 사용하다 보니 영어 실력이 놀라울 정도로 빠르게 늘었다.

사장은 두 달 후 나를 정직원으로 인정했고, 이후 나의 미국 생활은 더욱 탄력을 받았다. 이는 나의 인생과 무역 사업에 있어 영어는 더할 나위 없는 무기이자 가장 큰 밑천이 되었다. 언어 장벽을 넘어서는 순간, 나의 가능성은 무한대로 확장되었다.

그 후 서울에서 내 사업을 시작하면서 외국의 문의가 왔다. 처음 문의를 받았을 때는 단순한 해외 바이어의 일반적인 문의라고 생각했다. 나름대로 성의를 다해 영어로 된 상품 소개서와 회사 소개 자료를 만들어 보냈다. 나의 미국 생활 경험을 바탕으로 미국 시장의 문화와 정서, 그리고 비즈니스 관행을 고려하여 이해하기 쉽고 설득력 있게 구성하는 데 심혈을 기울였다.

주문이 최종 결정되기까지 여러 차례 추가 확인과 검토 과정이 있었지만, 그때마다 나는 최대한 상대방이 이해하기 쉽게 영어로 된 자료를 정성스럽게 준비해서 보냈다. 제품의 기술적 세부 사항부터 품질 보증서, 제작 과정 설명, 심지어 우리 회사의 사회적 책임 활동에 대한 내용까지 빠뜨리지 않고 체계적으로 정리했다. 한국과 일본에서 몇 개의 경쟁업체가 참여했는데, 나중에 담당자로부터

"당신의 반응이 가장 충실했고, 소통에 전혀 어려움이 없었다."

라는 평가를 들었다. 갈고 닦은 영어 실력 때문이라고 생각한다. 그 후 몇 번의 전화 미팅과 화상 회의를 거쳐 거래가 최종 결정되었고, 내용은 미국 대통령 기념식에 사용될 시계 주문이었다. 이 거래는 우리 회사의 브랜드 가치를 한 단계 끌어올렸다. 미국 대통령 관련 프로젝트에 참여한 경험은 이후 다른 해외 거래에서도 강력한 레퍼런스가 되었고, 해외 시장에서의 우리 회사 입지를 공고히 하는 데 결정적인 역할을 했다.

글로벌 시대에 영어는 단순한 소통 도구가 아니라 비즈니스 경쟁력 그 자체다. 같은 내용이라도 상대방의 언어와 문화에 맞게 정확하고 전문적으로 표현할 수 있느냐 없느냐가 사업의 성패를 가른다. 특히 공식적이고 중요한 프로젝트일수록 정확하고 전문적인 자료가 신뢰도를 높이고, 이는 곧 매출과 직결된다.

우리 세대인 김우중 회장의 《세상은 넓고 할 일은 많다》는 내 눈을 더 넓혔다. 세계는 열려 있었고, 영어는 여권처럼 작동한다. 여권이 있다고 자동 입국이 되는 건 아니지만, 여권이 없으면 게이트조차 보이지 않았다. "영어는 자본이다."라는 말도 그렇다. 자본은 돈

만이 아니었다. 더 넓은 선택지, 더 많은 정보, 더 빠른 연결—이 영어로 연결되는 AI 세상이 되었다. AI 정보는 경쟁력이 되었지만, 영어의 정보량과 한국어의 정보량은 천지 차이로 크다. 혹자는 AI에서 한국어 정보량은 영어의 3~4%라고 한다.

내 언어의 한계는 내 세계의 한계다.
비트겐슈타인

비트겐슈타인은 형이상학에 대한 비판으로 저 문장을 사용했지만, 오히려 내 현실과 가까운 말이었다. 영어는 내가 생각할 수 있는 범위를 넓혔다. 생각이 먼저인가, 언어가 먼저인가를 따져보면 언어가 먼저인 경우도 있다. 표현하지 못하는 세계는 금방 사라진다. 영어는 한국어와 생각의 방향, 사물이나 사건을 보는 관점, 인간관계의 방식이 다르다. 그러다 보니 영어를 통해 생각할 것들이 더 늘어나게 된다.

동시에 모국어의 결을 더 또렷하게 했다. 영어도 열심히 해서 협상을 할 수 있었지만, 협상 시 문장을 버릴 수 있었다. 다각도로 생각할 수 있게 되었다. 물론 영어 없이도 살 수 있다.

영어를 모를 때를 회상해 보면 몸이 더 고생했다. 기회가 많지 않았다. 현장에서 더 뛰어다녀야 했고, 가끔은 일의 방향을 몰라 헤맸다. 중요한 단서가 눈앞을 스쳐 지나가기도 했다. 반대로, 영어가 무기가 되자 능력이 올라갔다. 물론 언어를 하나 더 하는 능력도 있었지만, 자신감이 가장 많이 올랐다. 이는 점점 불어나는 복리처럼 미국의 키 작은 동양인에서 영어 잘하는 프로 비지니스맨으로 만들어 줬다. 영어는 자산처럼 내 몸에 붙어서, 복리로 자본을 만들어 냈다.

현재 나도 여전히 영어 문장을 외운다. 새로운 세계 시장에서 사람을 만나려면 영어로 단련한 근육을 계속 써야 한다. 사업적으로도 필수이지만 자신의 세계를 확장하기 위해서도 영어의 근육은 대체 불가한 근육이다.

당신도 아마 알고 있을 것이다. 세계는 여전히 넓고, 할 일은 지금도 많다.

배움은 노동이다

"머리가 아플 때까지 공부해 본 적이 없다면, 사실은 아직 배운 게 아니다. 이해 안 되면 그때부터 시작이다."

영어에 대한 이야기를 좀 더 해보자.

이십 대 초반, 태권도 관장을 따라 사범으로서 미국 부대에서 미군에게 태권도를 가르칠 기회가 있었다. 태권도의 기본 교육 용어는 한국어였지만, 구체적인 동작을 영어로 설명해야 했다. 특히 '정권 찌르기', '앞차기'와 같은 기술은 정확한 자세와 타격 지점을 가르치기 위해 일상 회화가 아닌 전문적이고 정교한 영어 설명이 필요했고, 이는 예상보다 훨씬 어려웠다.

처음에는 영어에 자신이 없어 동작을 직접 보여주며 따라 하도록 가르쳤지만, 한국인에게 가르치듯이 시선 위치, 호흡법, 상대방의 명치 찌르기 등 세밀한 부분을 영어로 설명해야 외국인 수련생들이 비로소 정확히 따라왔다. 나의 서툰 영어에도 불구하고 그들은 열정적으로 배우려 했지만, 나 자신은 답답함을 느낄 수밖에 없었다. 이러한 경험을 통해 나는 절실함을 깨달았다. 즉시 태권도 교본에 나오는 모든 동작의 영어 설명을 가능한 한 많이 외우고, 수업 시간에 끊임없이 반복해 사용하며 연습했다.

불과 몇 달 만에 미군 수련생들에게 다른 강사들보다 이해하기 쉽게 잘 가르친다는 인정을 받게 되었다. 꾸준한 노력 덕분에 태권도 강습에 필요한 영어 회화를 유창하게 구사할 수 있었다. 한번 칭찬을 들으니 자신감이 생겼다. 외국인들에게 태권도의 역사적 배경까지 알려주고 싶다는 열정이 샘솟았다. 영어로 된 태권도 교본을 통해 삼국시대와 고려시대 등 한국 태권도의 기원과 역사를 밤새워 열심히 외워 다음 날 외국인들 앞에서 설명했다. 몇 번 되풀이하다 보니 태권도의 역사를 설명하는 것에도 자신감을 얻게 되었다.

'일단 외우고 말하고 반복하라.'

이처럼 내가 직접 경험하며 체득한 가장 효과적인 영어 공부 방법은 다름 아닌 "영어책을 통째로 외워라!"는 것이다. 고전적인 방식처럼 들릴지 몰라도, 여전히 강력한 방법이다. 이 방법을 처음 배운 곳은 종로에 있는 영어 학원이었고, 그 학원에서 제일 유명한 미국영어강사의 지도로 시작되었다. 선생님은 매일 한 페이지에 담긴 10개의 대화 문장을 완벽하게 외우도록 지도했다. 수업 시간 내내 학생들이 서로 대화를 반복하며 정확한 발음과 억양으로 문장을 암기하도록 훈련시켰다.

  다음 날 수업은 전날 배운 내용을 완벽히 숙지했는지 확인하는 것으로 시작되었고, 그 후에 새로운 페이지를 외웠다. 이러한 방식으로 한 달 후에는 25페이지 분량의 영어 회화를 거침없이 암기할 수 있을 정도로 실력이 향상되었고, 점차 늘어 120페이지에 달하는 책의 대부분을 외울 수 있게 되었다. 물론 외운 만큼 잊어버리는 양도 늘어났지만, 다시 첫 페이지부터 기억을 되살리며 반복하는 과정을 통해 지속적으로 실력을 다져나갔다.

  "저녁이나 한 번 사줘."

  이 최고의 영어 학습법을 알려주는 대가로 최고의 저녁 식사를 사달라는 농담 섞인 조건을 내걸곤 했다. 듣고 나면 싱겁다는 반응을 보이지만, 사실은 사실이다. 만약 이 방법을 꾸준히 실천했는데도 효과가 없을 경우, 내가 몇 배의 식사를 책임지겠다는 자신감을 피력했다.

  단순히 영어책을 한 번 읽고 해석하는 것만으로는 영어 회화를 절대로 능숙하게 할 수 없다. 한국말 연설문이라도 내용을 완벽히 외운 사람이 감정을 실어 유창하게 연설하는 것처럼, 영어 문장을 통째로 외운 사람은 단어와 문법만 따로 공부한 사람보다 훨씬 능숙하게 영어 회화를 구사할 수 있다. 대부분의 영어 공부는 페이지를 해석하고 단어 공부에 집중하는 경향이 있다. 그러나 막상 책을 덮고 나면 그 페이지 전체 내용을 아무리 생각해도 문장 하나 제대로 기억나지 않는 경우가 허다하다. 그러다 보니 외국인 앞에서 영어 회화를 할 때 머릿속으로 문장을 작문하게 되고, 긴장감으로 인해 말이 제대로 나오지 않는 경험을 하게 된다.

영어책 한 권을 전부 꿈속에 나타날 정도로 달달 외우면 어느 정도 영어 회화에 자신감을 얻을 수 있다. 아는 영어 강사들이 이러한 방법으로 가르치지 않는 이유에 대해 물어본 적이 있다. 그는 이 방법이 물론 좋지만, 이런 방식으로는 학생들이 싫증을 내기도 하지만, 결국 학원에 올 필요가 없기 때문에 학원 경영에 문제가 있다고 웃으며 답했다.

30~40년 전에는 녹음기도 귀했고 유튜브 같은 교육 콘텐츠가 전혀 없던 시절이었다. 지금은 너무나 좋은 영어 교육 방법이 많다. 자신에게 잘 맞는 방법을 찾아보는 것도 좋다. 영어 공부는 노동이다. 영어뿐만이 아니다. 책 읽기도, 학과 공부도, 사업 공부도 노동이다. 움직이지 않으면 배울 수 없다.

랑시에르의 무지한 스승을 보면, 프랑스어 교수가 나온다. 프랑스어 교수는 프랑스어를 전혀 할 줄 모르는 학생들에게 프랑스어를 가르치는 장면이 나온다. 다른 건 아무것도 하지 않고, 스스로 프랑스어를 탐구할 수 있도록 과제를 내주었다. 열심히 탐구한 학생들은 학기 초에 비해 월등히 수준이 좋아졌다. 공부는 스스로 하는 노동이다. 바보같아 보여도 스스로 탐구하며 부대껴야 한다. 공부가 노동이어야 하는 이유는 노동처럼 해야 그 언어, 더 나아가 주제와 친해지고, 실력이 늘게 된다. 다니기 싫은 학원을 백 번 다녀봐야 아무 일도 일어나지 않는다.

언어는 사용하지 않으면 퇴화하기 마련이다. 최근에는 새로운 방법으로 공부하고 있다. 영화 대사를 활용한 학습 방법을 특히 선호한다. 영화를 보면서 듣기와 말하기를 동시에 배우는 것은 실전 영어 회화 능력 향상에 큰 도움이 된다. 단순히 대사를 따라 외우는 것을 넘어, 영화 속 인물들의 표정, 제스처, 문화적 배경을 함께 이해하면서 언어의 미묘한 뉘앙스까지 습득할 수 있기 때문이다.

유튜브에서 제공하는 스크린 영어 강의를 활용하는 것도 좋은 방법이다. 영어 자막이 있는 영화를 보면 대화 내용을 정확히 이해하고 암기할 수 있으며, 나아가 영화를 통해 해당 국가의 문화와 습관을 자연스럽게 익힐 수 있다. 잠자는 중에도 영어 공부 오디오를 틀어놓는 습관도 추천한다. 2~3시간 동안 무의식적으로 듣는 것이 자신도 모르게 학습에 도움이 되는 듯하다. 수면 학습의 효과는 아직 논란이 있지만, 최소한 영어 환경에 자신을 노출시키는 효과는 분명히 있다.

이 단계까지 올라오면 영어 신문이나 원서 읽기에 대한 욕구가 자연스럽게 생겨날 것이다. 이를 위해서는 단어 공부가 필수적이다. 독해 능력이 뒷받침되어야 더 깊이 있는 정보에 접근하고, 복잡한 비즈니스 문서나 학술 자료를 이해할 수 있다.

비즈니스 영어의 경우 단순한 가격 협상을 넘어, 제품의 가치와 철학을 전달하기 위해서는 유창하고 품격 있는 영어가 필수적이다. 흔히 영어에는 한국어처럼 존댓말이 없다고 말하지만, 실제로는 상황에 따라 격식 있는 표현을 사용하는 '고급 영어'가 존재한다. 비즈니스 환경에서 이러한 점잖고 정중한 표현을 사용하는 것은 자신의 품격과 전문성을 보여주는 중요한 요소다. 예를 들어, "Give me a report." 보다는 "Could you please provide the report at your earliest convenience?"와 같은 표현이 훨씬 더 신뢰감을 준다. 이러한 디테일한 언어 사용은 상대방에게 존중받는다는 느낌을 주어 원활한 비즈니스 관계를 구축하는 데 결정적인 역할을 한다.

영어의 가치는 개인마다 다르게 평가될 수 있지만, 앞으로 다가올 인공지능 시대에는 영어 실력이 자신의 인생을 변화시킬 만큼 지대한 영향력을 가질 것이다.

어른들이 강조했다고 지금도 강조하지 못하는 것은 아니다. 오히려 더 중요해졌다. 이 기회를 놓칠 것인가, 아니면 자신의 것으로 만들 것인가는 오로지 나에게 달려 있다. 영어 뿐만아니라 학습에 대한 열정과 노력을 가지고 꾸준히 실천한다면, 언젠가는 내가 원하는 수준의 영어 실력을 갖출 수 있을 것이다. 어떤 어려움에도 포기하지 않고 계속 도전하는 자세가 무엇보다 중요하다.

미루기보다 개선이 낫다

"환경 탓을 하는 순간, 너는 스스로를 '피해자 역할'에 가둔다. 잘 안 된 일마다 최소 한 가지 '다음에 바꿀 점'을 적고, 그중 하나만 즉시 실행해라."

처음 알리익스프레스를 열었을 때 나는 멈칫했다. 무료배송, 즉시 환불, 두세 번의 클릭. 가격표는 국내 단가의 절반도 되지 않았다.
"이 가격, 국내 업체는 어떻게 버티지?"
몇 해 사이, 주변 사람들 역시 자연스럽게 알리익스프레스 옮겨 타고 있었다. 전자상거래의 세계에서 문지방은 이미 사라졌다.
알리익스프레스, 테무, 쉬인(SHEIN) 등 중국 쇼핑몰들은 현재 한국을 비롯해 전 세계 시장을 무서운 속도로 잠식하고 있다. 이런 현상은 10여 년 전부터 서서히 진행되어 왔지만, 최근 2~3년 사이에는 국내 시장에 막대한 영향력을 행사하며 국내 전자상거래 시장의 판도를 뒤흔들고 있다. 아직까지는 주로 저가 시장에서의 경쟁이 주를 이루지만, 점차 의류, 전자제품, 생활용품 등 다양한 카테고리에서 중고가 시장까지 그 영역을 확대하고 있다. 미국의 유명 쇼핑몰인 아마존(Amazon)과 이베이(eBay)는 이미 중저가 제품뿐 아니라 수많은 브랜드 제품의 최대 판매장이 되었다. 국내에도 정식으로 진출한다는 소식이 들려온다.

거대한 글로벌 공룡들의 등장으로 국내 업체들은 거센 경쟁에 직면했다. 국제 경쟁력 확보가 기업 생존의 핵심 관건이 되었다. 이러한 현상은 시장의 글로벌 통합을 명확하게 보여준다. 비즈니스 환경은 이미 국경을 초월해 시공간의 제약 없이 하나로 연결되어 있으며, 국제 무역 환경의 제약도 과거에 비해 많이 사라졌다. 이제는 전 세계 시장 속에서 확고한 경쟁력을 갖추지 못하면 살아남기 힘든 시대가 되었다. 단순히 내수 시장에만 안주하는 것은 더 이상 기업의 지속 가능한 성장을 담보할 수 없다.

"핑계보다는 성장이 낫다."

사람은 점보다는 선으로 태어난 것 같다. 고정된 성질을 가지고 있다기 보다, 삶을 살며 과정을 거친다. 이를 통해 성장하기도 하고 퇴보하기도 한다. 누군가는 아무것도 하지 않은 정지상태를 퇴보라고 이야기 했다. 핑계는 점으로 남으려는 성격을 띤다. 하지만 성장은 선으로 진행하려는 것이다. 세상은 나와 상관없이 앞으로 뻗어나간다. 거대한 글로벌 유통기업들의 상황도 마찬가지다. 내가 핑계를 대며 가만히 있든, 성장하려고 개선을 하든, 상관없이 앞으로 나아간다. 가만히 있으면 나만 뒤쳐지는 것이고, 뒤쳐진 기업은 사멸하기 마련이다.

시간도 그렇다. 시간이 지나도 원래의 형태로 남아있는 것은 없다. 헤라클레이토스가 같은 강물에 두 번 발을 담글 수 없다고 하지 않았나? 시간은 모든 걸 변형시킨다. 사람도, 회사도, 환경도. 더 나아지던가, 퇴보하던가.

핑계와 개선은 태도의 하나다. 사실을 보는 관점에서부터 차이가 난다. 핑계는 선택적으로 증거를 취합할 뿐이다. 유리한 자료만 손에 붙들고 불리한 것들은 받아들이지 않는다. 결국 사실에서 시작하지만, 외부 요인 나열에서 감정 표출로 끝나는 것이 핑계다. 이에 비해 개선은 모든 자료를 수용하려 노력하는 태도다. 자신에게 불리한 내용이라도 모은다. 개선도 사실에서 시작한다. 하지만 원인을 내 몫과 환경으로 구분한 후, 개선을 위해 수정을 한다. 결국 같은 사실에서 시작하지만 태도로인해 차이가 벌어진다.

막히고 흔들리고 슬플 때,
그 책임을 남에게 돌리지 말고
내게서 찾아라.

When therefore we are hindered, or
disturbed, or grieved, let us never
attribute it to others, but to ourselves;

에픽테투스

지금이 기회다

"언젠가 하겠다는 사람은, 결국 아무것도 안 한 채로 늙는다. 늘 지금이 기회다. 지금을 놓치면 미래를 놓친 것이다."

십여 년 전, 나는 한 청년 사업가에게서 이베이(eBay) 판매 경험담을 들었다. 당시만 해도 이베이 진출은 국내 쇼핑몰 업체들에게 미래를 위한 희망 사항 중 하나로 여겨졌다. 그는 다양한 전략과 창의적인 시도로 이베이에서 큰 매출을 올렸다. 그중에서도 가장 놀랍고도 큰 수익을 안겨준 품목은 다름 아닌 '빈 병'이었다. 한국에서 흔히 볼 수 있는 500원짜리 특정 비타민 음료의 빈 병이었다. 이 음료병에는 당시 최고 인기를 구가하던 K-팝 아이돌 그룹 '소녀시대'의 사진이 인쇄되어 있었고, 해외 팬들은 이 빈 병을 얻기 위해 비싼 국제 배송료를 기꺼이 지불하면서까지 주문했다. 한국에서는 길거리 쓰레기통에 버려지던 빈 병이, 해외 팬덤에게는 개당 1달러에 팔리며 국제 우송료를 포함하면 한화로 거의 4,000원에 달하는 고부가가치 상품이 된 것이다.

주문량이 폭주하면서 그의 가족 모두가 매일 비타민 음료를 마셔야 했고, 그 양이 상당해서 힘들 정도였다고 한다. 급기야 너무 많은 주문량에 미처 다 마시지 못하는 지경에 이르러, 나중에는 내용물만 따로 플라스틱병에 따라 보관해야 했다.

기존의 가치 기준을 완전히 뒤엎는 발상의 전환이었다. 나는 이 사례에 큰 영감을 받아 곧바로 이베이에 빈 병 판매를 시도했다. 놀랍게도 첫 주문은 멀리 싱가포르에서 들어왔다. 단 며칠 만에 10병의 주문을 받아 해외로 발송하면서 우리 회사도 이베이에서 본격적인 판매를 시작했다.

국내의 상식이 세계의 상식은 아니었다. 우리는 영어 상세 페이지를 붙여 평범한 국내 제품들을 이베이와 아마존에 올렸다. 주문은 아프리카, 남미 최남단에서도 도착했다. 결함이 있는 제품은 정직하게 할인해 올렸더니 전량 소진되었다.

미국에서 수입상으로 일했던 경험도 나에게는 큰 도움이 되었다. 당시 제품은 한 다즌(12개)에 보통 네 가지 색상이 구색에 맞춰 구성되었다. 예를 들어, 블랙 4개, 화이트 4개, 레드 2개, 블루 2개와 같은 방식이었는데, 문제는 항상 블랙 외 다른 색상들의 재고가 쌓인다는 점이었다. 시즌이 끝날 무렵이면 쌓여만 가는 재고 때문에 항상 골머리를 앓았지만, 구매자들의 요구로 색상 구색을 줄일 수도 없는 노릇이었다.

  전시회에 참여하다가, 특정 색상(재고로 쌓이던 색상)만을 전문적으로 대량 구매하기 원하는 바이어를 만났다. 바이어는 주로 아프리카나 남미 지역에서 활동하는데, 현지에서는 대규모 직수입이 어렵기 때문에 구매 단가가 비쌌다. Y 회사로서는 시즌 후 남은 '악성 재고'였던 이 특정 색상 제품들이, 이 바이어에게는 직수입보다 훨씬 저렴한 가격에 대량으로 구할 수 있는 '희소성 있는 상품'이 된 것이다. 한쪽에게는 처치 곤란한 재고가 다른 시장에서는 없어서 못 파는 귀한 상품이 될 수 있었다.

  내가 근무하던 회사의 주요 거래처였던 한 유대인 사업가와 깊은 친분을 쌓게 되어, 그의 맨해튼 사무실을 방문할 기회가 생겼다. 그의 회사 매출 규모를 고려하면 직원 50명 정도의 큰 사무실을 예상했지만, 막상 도착해보니 10평도 채 되지 않는 아담한 공간이었다. 사무실에는 직원 세 명이 사용하는 책상만 덩그러니 놓여 있었고, 손님용 의자조차 없어 옆 직원 자리에서 의자를 가져와야 했다. 메모지는 식당 광고지 뒷면을 활용했고, 제품 진열대는 우유 플라스틱 상자를 벽에 쌓아 투박하게 만들었다. 그는 미국에서 제법 큰 선글라스 유통업체를 운영했지만, 정작 회사에는 단 하나의 재고도 없었다.

  그의 사업 방식은 매우 독특하고 통찰력 있었다. 그는 맨해튼의 수많은 선글라스 수입업자와 도매상으로부터 제품 샘플을 받아, 이를 필요로 하는 판매처에 연결해 주는 것이 주된 업무였다. 재고도, 거창한 사무실도 없는 그는 오직 수입상과 판매상의 방대한 인맥 정보, 그리고 그들 사이의 두터운 신뢰만을 자산으로 삼았다. 그의 세 명의 직원은 끊임없이 시장 정보를 수집하고, 업체별 제품 특징 및 필요를 파악하여 가장 효율적인 연결고리를 찾는 데 집중했다. 즉, 그의 회사는 물리적인 제품을 다루는 것이 아니라, '정보'와 '연결'이라는 무형의 자산을 통해 가치를 창출하는 비즈니스 모델이었다. 이러한 정보력과 탁월한 관계 형성 능력은 빠르게 입소문을 탔고, 미국 내에서 내로라하는 대형 유통업체들마저 그에게 선글라스 유통을 의뢰할 정도로 크게 성장했다. 그는 판매자와 구매자 모두에게 최적의 거래 조건을 제공하며 쌍방에 두터운 신뢰를 쌓아갔다.

생각하기에 따라 경쟁력 있는 제품이 될 수도 있고, 쓰레기가 될 수도 있다는 생각에 지금이 기회라는 생각이 들었다. 지금, 여기에 기회는 많다. 다만 발견하지 못했을 뿐이다. 고객을 찾는 것도 그렇다. 고객을 발견하지 못했을 뿐이지, 지금 고객이 나의 제품을 원할 수 있다. 나는 쓰레기라도 팔 수 있다는 말을 늘 곱씹는다.

우리는 종종 우리 자신의 익숙한 기준과 시각에 갇혀 제품의 진정한 잠재력을 제대로 파악하지 못하는 경우가 있다. 하지만 글로벌 시장에는 상상할 수 없을 만큼 다양한 니즈와 선호도를 가진 소비자들이 존재한다. 그들의 관점에서 제품의 가치를 다시 바라본다면, 틀림없이 새로운 기회를 발견할 수 있을 것이다.

미래는 현실이 뻗어나갈 여러 가능성의 총합이다. 그래서 이런 가능성도 있고, 저런 가능성도 있다. 그중에 일부를 현실로 만들 선택의 지점이 기회다. 사업에서도 어떤 아이템을 선택하느냐에 따라 미래의 가짓수가 줄어든다. 내가 아이돌이 그려진 음료수병을 선택하면 다른 선택의 경로는 사라진다.

기회와 미래는 서로 엉켜있다. 세 가지 법칙이 있다. 기회는 한 번 닫히면 열리지 않는 창문이다. 오늘 선택과 내일 선택은 같아 보여도 분명 차이를 만든다. 기회는 일찍 잡을수록 복리처럼 불어난다. 일찍 공부를 시작한 학생이 나중에 시작한 학생보다 더 능력이 나을 것이라는 사실은 확률상 높다. 그리고 오랜 기간 기회를 잡을 수 있다면, 그 기회는 희소성이 떨어진다. 모두 아는 기회는 기회의 역할을 잘하지 못한다.

그렇기 때문에 늘 지금이 기회다.

문제는 당신이 보는 것이 아니라,
당신이 보지 못하는 것이다.

The problem is not what you look at, it's
what you see.

헨리 데이비드 소로

모방은 부끄러운 것이 아니다

"문제는 베끼느냐가 아니라, 베낀 것을 자기 것으로 소화하느냐. 제일 좋다고 생각하는 아이디어 10가지중에 2가지 정하고, 이번 주에 그대로 따라 해 본 뒤 무엇이 맞고 틀렸는지 기록해라."

"우리 회사가 세계적 회사로 된 이유는 창작이 아니라 모방의 속도 때문이다."
 국제 패션기업 대표의 강연을 들었을 때 나는 적잖이 놀랐다. 그들은 세계 패션쇼를 따라다니며 최신 디자인을 해부했고, 몇 주 안에 유사한 제품을 전 세계 매장에 진열했다고 했다. 나는 속으로 중얼거렸다. 누가 빨리 베끼느냐가 성패처럼 보였다. 하지만 모방에서 창의성이 발현된다는 이야기를 계속 듣고 있으니, 강연이 끝날 즈음, 다른 생각이 들었다. '저건 하나의 해석일 수도 있다.' 그날부터 내 머릿속 질문이 달라졌다. 무엇을 처음 만들 것인가에서, 무엇을 가장 빨리 재해석할 것인가로.

나의 회사 사업 초기에는 의욕에 불타서 직원들과 머리를 맞대고 완전히 새로운 디자인을 만들겠다고 고집했다. 그러나 심혈을 기울여 만든 제품의 시안이 도매상들의 즉석 디자인 제품에 번번이 밀렸고, 우리가 만든 제품에 대한 시장의 반응은 싸늘했다.

"우리만의 멋진 디자인을 만들자, 언젠가는 사람들이 알아줄 것이다."
라고 자부심을 가졌다.

어설픈 매출, 시시껄렁한 사람들의 반응으로 인해, 알량한 자존심은 나를 위로하지 못했다. 밤마다 시안을 고치는 동안, 내 안의 목소리는 거칠게 퍼졌다. "지금 필요한 건 천재성보다 감각과 순발력이야." 인정하기 싫었지만 사실이었다.

시장은 구매자의 마음을 비치는 거울이다. 잘 살펴보면 시장의 트렌드나 유행에 답이 있다. 우리는 그 거울에 비친 형상을 곧장 증류해야 했다. 거울 속의 윤곽을 훼손하지 않되, 우리만의 방식으로 바꾸는 일. 우리만의 방식으로 바꾸는 몇번이고 거듭해야 했다. 분명 시장에 트렌드라는 답이 놓여 있는데, 이상하게 진척할 수 없었다. 그래서 소량 생산으로, 회의는 더 짧게 하고, 샘플은 더 자주 만들었다. 유행을 "만드는" 대신, 유행을 따라잡아 우리 언어로 바꿔 내놓았다.

미숙한 시인은 모방하고, 성숙한 시인은 훔친다.

T. S. 엘리엇

  엘리엇의 이 문장을 나는 이렇게 받아들였었다. "그저 베끼지 말고, 본질을 이해하고 자기 언어로 놓아라." 과격하게 말하면 훔치는 것과 같다. 시장과 트렌드를 대하는 태도는 서서히 바뀌었다. 전시장을 돌 때면 새로움을 찾기보다 반복되는 패턴을 먼저 찾았다. 고객 후기에서 같은 단어가 세 번 나오면 바로 반응했다. 트렌드를 빠르게 파악하고 제품을 만들다 보니 출시 주기는 짧아졌다. 출시 주기가 짧아지면 나는 힘들지만, 실패에서 더 빨리 탈출할 수 있었다.

  문제는 자존심이었다. '나는 창조자가 아니라 편집자다.' 이렇게 입 밖으로 내뱉으니, 마음이 가벼워졌다. 편집자는 남의 문장을 사랑하는 법을 안다. 사랑하되, 원본을 유지하면서 자기 문장으로 다시 쓴다. 사업도 그렇다. 트렌드라는 것을 올라타는 것이 아니라, 다른 사람이 좋아하는 제품에 나의 마음을 맞추는 일이었다. 생각을 바꾸니 편하게 작업을 할 수 있었다.

  물론 독창성의 꿈을 버린 건 아니었다. 다만 순서를 바꾸었을 뿐이었다. 빠르게 해석하고, 자주 제품을 내놓으며, 현금 흐름을 지키고, 그 시간과 자원을 모아 우리의 오리지널을 한 뼘씩 더했다. 한 철은 따라가고, 다음 철은 앞서 나가려고 노력했다.

  돌아보면, 나를 바꾼 건 거창한 통찰이 아니었다. 생각을 바꾸는 습관이었다. "우리는 창조한다."에서 "우리는 해석한다."로, "원본을 고수한다."에서 "본질을 편집한다."로. 문장이 바뀌자, 선택이 바뀌었고, 선택이 바뀌자, 성과가 달라졌다. 시장은 우리 편이 되었다. 고객은 출처를 묻지 않았다. 그들에게 중요한 건, 지금 입을 수 있느냐였다.

나는 아직도 가끔 첫 강연장을 떠올린다. 무대 위 대표의 담담한 목소리, "우리는 빠르게 따라고 성공했다."라는 고백. 진솔하지만 편법은 아니었고, 냉정한 현실을 인정했지만, 자신은 버리지 않는 고백이었다. 이제 나는 내 안의 약한 자존심을 내려놓았다.

여담으로 모방과 자신만의 해석을 가르는 가장 큰 질문을 말해보자면, '어느 하나를 다르게 해서 더 잘되었는가?'이다. 잘 된다는 것 자체가 표현이 모호하지만, 더 좋은 제품일 수 있고, 더 많이 팔릴 수도 있다. 몇 가지 모방과 창조의 기준을 생각하면, 새 기준이 생겼는지, 실사용자(고객, 동료 등등)의 행동이 달라졌는지, 다른 사람이 똑같이 만들어도 비슷한 효과가 나는지, 설명하는데 새로운 단어나 언어가 필요한지, 금기로 여긴 전제가 바뀌었는지이다. 오히려 '영감을 얻었다.'라는 수준이면 모방일 경우가 허다하다. 영감을 얻더라도 추가하고 수정해 자신의 해석을 추가하자.

성장하고 싶다면 시스템을 설계하라

"의지력만 믿는 사람은, 실패할 때마다 자기 혐오만 늘어난다. 하기 싫어도 돌아가게 만드는 루틴과 체크리스트를 만들어, 너 자신을 제 3자로 관리해라."

승자는 공식과 목표를 넘어 시스템을 구축한다는 말이 있다.

나는 일일 목표, 주간 목표, 월간 목표, 분기별 목표, 그리고 연간 목표까지 세워본 경험이 셀 수 없이 많다. 한때는 이러한 치밀한 계획 수립이 최고의 경영 노하우라고 굳게 믿었다. 오랜 시간을 들여 목표를 세운 다음에는 혼자 흡족해하고, 직원들과 회의 시간이나 평소에도 틈만 나면 목표 달성 여부를 확인하며 압박했다. 물론 이러한 목표 설정이 아예 없는 것보다는 낫다. 명확한 목표는 나아가야 할 방향을 제시하고 동기를 부여하기 때문이다.

나는 목표 달성을 위해 애쓰기는 하지만, 목표 작성과 그 검증에 많은 시간을 허비하면서도 무언가 부족하다는 느낌을 지울 수 없었다. 그 이유를 오랫동안 알지 못했다. 수많은 시행착오와 실패를 겪은 후에야, 경영에서 진정한 성공으로 가는 길은 단순히 목표를 세우는 것을 넘어 체계적이고 견고한 '시스템'을 먼저 구축하는 데 있다는 것을 깨달았다. 많은 사람이 목표를 세우고 그것을 달성하기 위해 노력하지만, 진정한 사업가는 자신만의 견고한 시스템을 만들고 그 안에서 목표를 향해 묵묵히 나아가는 사람들이다. 이들은 목표를 달성하는 과정에서 발생하는 수많은 변수를 시스템으로 관리하고 예측한다.

"승자는 시스템을 만든다."

나 역시 과거에는 눈앞의 실적을 최우선으로 하다 보니 목표에 과도하게 집착했고, 이로 인해 계속되는 문제점과 손실로 고통받았다. 목표에만 매달리면 단기적인 성과에 급급하여 장기적인 안목을 잃기 쉽다. 이는 불안정한 성과를 낳고, 조금만 상황이 틀어져도 쉽게 좌절하게 만든다.

목표는 단기적인 사고방식을 만들 수 있지만, 시스템은 장기적인 성과와 지속 가능한 성장을 가능하게 한다. 시스템이 조직을 확장하고 원대한 목표를 달성하는 데 가장 필수적인 요소이다. 잘 구축된 시스템은 변화와 개선에 유연하게 적응하며, 위기 상황에서도 조직의 안정성을 도모한다. 예를 들어, 갑작스러운 시장 변화나 예기치 못한 문제 발생 시, 시스템이 갖춰진 조직은 혼란에 빠지지 않고 미리 정해진 절차에 따라 신속하게 대응할 수 있다.

맥도날드나 스타벅스 같은 기업들이 햄버거와 커피라는 지극히 평범한 아이템으로 세계적인 기업이 될 수 있었던 비결은 다름 아닌 그들의 뛰어난 시스템에 있다. 그들은 메뉴 개발이나 마케팅을 넘어, 표준화된 생산 시스템, 매장 운영 매뉴얼, 직원 교육 프로그램, 공급망 관리 등 모든 것을 시스템화했다. 이를 통해 전 세계 수만 개의 매장을 효율적으로 운영하고 관리하며, 어느 매장에서나 동일한 품질과 서비스를 제공할 수 있었다. 이러한 시스템의 힘이 그들을 글로벌 거인으로 만들었다.

중소기업의 경우, 고객 불만 처리나 A/S 처리 등에서 시스템의 부실로 인해 많은 시행착오를 겪는 경우가 흔하다. 나름대로 매뉴얼을 만들어 두었더라도, 예상치 못한 문제가 발생할 경우 누가 어떤 역할을 해야 하는지 명확하지 않아 처리 과정에서 우왕좌왕하며 혼란을 겪는 일이 많다. 이로 인해 고객은 불만을 느끼고 이탈하며, 직원들은 과노한 업무 스트레스와 책임 전가로 사기가 저하된다. 아무리 자세한 매뉴얼을 만들어도 담당 부서 모두에게 효과적으로 전달하고 숙달시키는 것 또한 쉽지 않다. 시스템은 이러한 혼란을 방지하고, 일관된 서비스 품질을 유지하며, 직원들의 업무 효율성을 높이는 핵심적인 기반이 된다.

사업 경영은 숲을 가꾸는 일이다. 많은 이들이 숲 전체의 웅장한 모습, 즉 기업의 거대한 비전이나 시장 점유율을 우선시하지만, 특히 중소기업을 운영할 때는 사업의 세부 사항, 즉 개별 나무의 건강에 우선적으로 초점을 맞출 필요가 있다. 숲을 이루는 개별 나무들이 건강하지 않다면 전체 숲이 병들게 되는 것처럼, 사업의 각 요소(영업, 생산, 재무, 인사 등)가 시스템적으로 잘 구축되지 않으면 전체 사업이 흔들릴 수 있기 때문이다. 나는 좋은 시스템 구축이 곧 멋진 숲을 만들기 위한 건강한 나무 가꾸기와 같다고 생각한다.

사업 경영은 경영자의 많은 노력과 상당한 위험 부담을 요구한다. 따라서 사업 조건이 변화함에 따라 자기 자신과 회사에 가장 적합한 시스템을 끊임없이 만들어 나가는 것이 중요하다. 변화에 대한 유연한 대응은 시스템을 통해 이루어진다. 사업에서 실패는 피해야 할 일이지만, 피할 수 없는 실패를 겪더라도 이를 재도약의 기회로 삼아야 한다.

시스템은 실패의 원인을 분석하고, 재발을 방지하며, 더 나은 해결책을 찾아 다음 단계로 나아가게 하는 학습 도구의 역할을 한다. 사업에서는 항상 '만약(IF)'에 대비하는 준비된 자세와 미래를 예측하려는 꾸준한 노력이 필요하다. 결국 사업의 모든 원인과 책임은 최고 경영자(CEO)에게 있다. 경험에서 배우고 미래를 대비하는 능력은 CEO가 갖춰야 할 가장 중요한 능력이다.

고 이건희 회장의 유명한 말인 "마누라와 자식 빼고 다 바꿔라."는 예측 불가능한 변화에 유연하게 적응하고 혁신할 수 있는 시스템의 중요성을 강조한 것처럼 들린다. 이는 단순히 개인의 노력만으로는 감당할 수 없는 거대한 변화 앞에서, 조직 전체의 구조와 운영 방식을 근본적으로 혁신해야 한다는 메시지다. 결국 경영자는 자신만의 시스템을 만들고 그 안에서 목표를 설정하며, 실패를 단순한 손실이 아닌 귀중한 학습의 기회로 만들어야 한다. 실패의 비용은 손실이 아닌 배움의 투자로 전환할 수 있다. 변화하는 환경에 능동적으로 적응할 준비가 되어 있는 태도와 이를 실천하는 행동이 사업 세계에서 성공을 달성하는 데 필수적이다.

시스템이란 경영자나 직원들이 큰 실수 없이 회사를 효율적으로 운영할 수 있도록 만드는 체계이다. 회사가 시스템으로 움직이게 되면 경영자는 언제 어디에 있든 회사가 제대로 운영될 수 있는지 효과적으로 컨트롤할 수 있다. 이는 일명 '워크 스마트(Work Smart)'의 핵심이다. 나는 실제로 우리가 판매하는 국내외 쇼핑몰 운영 시스템과 회사 전체 관리용 ERP(전사적 자원 관리) 등의 시스템을 구축하려 노력했지만, 아직도 많은 시행착오를 겪고 있는 중이다.

시스템은 회사와 고객 각각의 필요에 맞게 맞춤형으로 만들어져야 한다. 예를 들어, 고객 불만 처리 시스템은 고객의 목소리를 경청하고 신속하게 대응할 수 있도록 설계되어야 하며, 재고 관리 시스템은 실시간으로 재고 현황을 파악하여 불필요한 손실을 줄일 수 있도록 해야 한다. 그렇게 되면 소수 인원이라도 대기업에 못지않은 관리 능력과 효율성을 보일 수 있다. 이는 모든 회사가 궁극적으로 추구하는 목표이기도 하다. 끊임없이 시대에 맞는 새로운 정보를 찾고, 공부하며, 우리의 상황에 맞는 최적의 시스템을 찾는 회사만이 치열한 경쟁 속에서 생존할 수 있다. 나는 사업을 하는 과정 자체가 시스템의 끊임없는 구축과 유지, 그리고 진화라고 생각한다.

시스템의 성공적인 확보는 견고한 기업 문화가 뒷받침될 때 가능하다. 수직적인 지시보다는 수평적인 소통이 이루어지고, 직원들이 자유롭게 아이디어를 제시하며, 실패를 두려워하지 않고 새로운 시도를 할 수 있는 문화가 필요하다. 다양한 개선 의견이 자유롭게 모여 모든 직원과 회사가 만족하는 제안을 만들고, 이를 실험을 통해 실제 시스템으로 구현해야 한다. 이는 단순히 매뉴얼을 만드는 것을 넘어, 시스템이 조직의 DNA로 자리 잡는 과정이다.

1999년, 미국의 대형 항공사인 바바리안 항공은 단 한 통의 잘못된 팩스 메시지로 인해 파산 위기에 처했다. 항공기 32대를 한 번에 팔았다는 잘못된 팩스 메시지가 전 세계로 전송되면서 주가가 폭락하고 신뢰도가 추락한 것이다. 직원의 순간적인 실수가 100년이 넘는 거대 기업마저 파산하게 만들었다는 사실은 우리 같은 작은 회사에게 큰 교훈이 된다. 대기업은 작은 실수가 엄청난 손실을 야기할 수 있음에 대비하여 2차, 3차 확인 단계가 포함된 수직적, 수평적 검증 체계를 갖추는 것이다.

중소기업에서는 언제 어디에 있던 회사 경영을 쉽고 효율적으로 컨트롤할 수 있는 시스템을 만들어야 한다. 직원과 고객 모두가 만족하는 시스템을 구축하는 것이 핵심이다. 시스템 구축 시 고려해야 할 중요한 요소 중 하나는 '의사소통'이다. 효과적인 의사소통 체계를 갖추면 직원들 간의 협업이 원활해지고 실수를 줄일 수 있다. 반대로 잘못 구축된 시스템은 오히려 회사의 흥망을 좌우할 수 있다는 것을 기억해야 한다. 시스템은 기업의 생명력을 좌우하는 심장과 같다. 이 심장이 건강하게 뛰어야 기업은 성장하고, 위기 속에서도 흔들림 없이 나아갈 수 있다.

목표는 북극성이다. 지침을 제공하지만, 항로를 계획하는 것은 시스템이다.

Goals are like a compass; they give you a direction. Systems are the engine that gets you there.

제임스 클리어

멘토를 만나라

"혼자서만 깨닫겠다고 버티는 건, 자존심이지 용기가 아니다. 네가 되고 싶은 모습에 가장 가까운 사람 한 명에게, 구체적인 질문 세 개를 준비해서 찾아가라."

인생이라는 긴 여정은 때로는 예측 불가능한 시장과도 같다. 수많은 선택과 결정 앞에서 우리는 마치 한 명의 사업가처럼 이익과 손해를 저울질하며 신중한 발걸음을 내디딘다. 사업이란 본래 크고 작은 위험을 감수하고, 온갖 변수 속에서 때로는 쓰라린 손실을 경험하기도 하는 것이 당연지사다. 그러나 내가 오늘 이 책을 읽는 모든 독자들에게 이야기하고자 하는 것은, 단 하나의 '손해 없는 장사'에 대한 것이다. 이 장사는 언제나, 어떤 상황에서도 예외 없이 모두에게 값진 이익만을 가져다줄 것이다. 그 장사는 다름 아닌 '지혜를 구하고 경청하는 일'이다.

첫째, 귀에는 쓰지만 몸에는 약이 되는 충고, 즉 '듣기 싫은 소리'를 깊이 새겨듣는 것이 진정 손해 없는 장사이다. 시계 업계에서 30년 이상을 지내오면서, 나 역시 수많은 성공과 실패를 경험했다. 화려한 스포트라이트를 받을 때도 있었지만, 뼈아픈 좌절감에 밤잠을 설친 날들도 적지 않았다. 돌이켜보면, 내가 가장 크게 성장했던 순간들은 고객의 날카로운 불만, 경쟁사의 냉정한 평가, 혹은 동료의 따끔한 지적에 직면했을 때였다.

애써 개발한 신제품 시계에 대해 "디자인이 너무 올드하다."거나, "품질이 기대에 미치지 못한다."는 혹평을 들으면 당장은 자존심이 상하고 귀를 닫고 싶어진다. 인간은 본능적으로 자신에게 유리하거나 기분 좋은 말만 골라 들으려는 '확증 편향'의 경향이 있지만, 진정한 이해와 발전의 기회는 오히려 그 불편함과 정직한 비판 속에서 찾을 때가 많다. 한때 나는 고객의 불만을 단순한 '클레임'으로 치부하며 불쾌해하기도 했다.

그 불만이 제품을 개선하고, 서비스 품질을 높이며, 궁극적으로 기업의 경쟁력을 강화할 수 있다. 실제로 한때 시장 점유율 1위였던 A 기업은 고객의 불만을 '어차피 나갈 고객'이라며 무시하다가 결국 시장에서 도태되었다. 반면, B 기업은 고객의 작은 불만에도 귀 기울여 제품을 끊임없이 개선한 결과, 위기를 기회로 바꾸고 시장의 강자로 부상했다.

불편한 충고를 회피하지 않고 정면으로 마주하여 개선의 동력으로 삼는다면, 어떠한 위기 상황 속에서도 흔들리지 않는 내실과 문제 해결 능력을 기를 수 있을 것이다. 이는 개인의 성장과 기업의 지속 가능성에도 필수적인 요소다.

둘째, 곁을 지키는 사람들의 진심 어린 조언을 겸허하게 받아들이는 것 역시 엄청난 이익을 안겨줄 것이다. 특히 부모님과 친인척들, 그리고 존경할 수 있는 선배들은 너보다 앞서 인생과 사업의 험난한 길을 걸어왔고, 수많은 시행착오와 값비싼 수업료를 통해 얻은 실질적인 깨달음을 너에게 아낌없이 전하려 할 것이다.

지난 나의 세월을 돌이켜 보면 이러한 충고나 조언을 무시하던 많은 경우가 있었고 그에 대한 대가를 톡톡히 치렀다. '그때 그 말을 들었더라면…' 하고 후회했던 순간이 셀 수 없이 많다. 인생과 사업에서 이 두 가지, 즉 듣기 싫은 충고를 성장의 밑거름으로 삼고, 주변 사람들의 진심 어린 조언을 경청하여 지혜를 얻는 것을 항상 명심한다면, 세상살이의 이치와 수많은 실질적인 도움을 얻게 될 것이다. 이는 그 어떤 유명한 경영 서적이나 값비싼 교육 과정에서도 얻을 수 없는, 살아있는 자산이자 강력한 경쟁력이 될 것이다.

셋째, '멘토'를 적극적으로 활용하는 것이다. 멘토는 단순히 지식을 전달하는 사람을 넘어, 오프라 윈프리의 말처럼 '스스로 내면의 희망을 볼 수 있게 해주는 사람'이다. 멘토는 자신의 경험을 바탕으로 시행착오를 줄여주고, 나아가야 할 방향을 제시하며, 때로는 정신적인 지지자가 되어주는 존재다.

나의 사업 초기, 나는 여러 선배 경영인들을 찾아다니며 조언을 구했다. 그중에는 당시 매우 성공적인 무역업을 영위하던 한 시니어 대표님이 계셨다. 그는 나의 서툰 질문에도 늘 친절하게 답해주었고, 때로는 자신의 경험담을 들려주며 실질적인 노하우를 전수해 주었다. 특히 자금 관리의 중요성, 직원과 관계 설정, 그리고 새로운 시장을 개척하는 방법에 대한 그의 조언은 내가 사업을 확장하는 데 결정적인 도움이 되었다.

　성공한 많은 인물들이 멘토의 중요성을 강조한다. 빌 게이츠는 워런 버핏을 자신의 멘토라고 말했고, 마크 저커버그 역시 스티브 잡스에게 조언을 구했다. 이는 아무리 뛰어난 사람이라도 혼자서는 모든 문제를 해결할 수 없다. 멘토는 우리의 시야를 넓혀주고, 우리가 보지 못하는 맹점을 일깨워주며, 때로는 우리가 가진 잠재력을 발견하게 해주는 역할을 한다.

　좋은 멘토를 찾기 위해서는 먼저 자신이 어떤 분야에서 어떤 조언을 구하고 싶은지 명확히 해야 한다. 그리고 그 분야에서 성공적인 경험을 가진 사람들을 찾아 정중하게 조언을 구해야 한다. 멘토에게는 항상 감사하는 마음을 가지고, 그들의 시간을 존중하며, 배운 것을 실천하는 모습을 보여주는 것이 중요하다. 멘토쉽은 일방적인 관계가 아니라, 멘티의 성장과 발전이 멘토에게도 보람과 기쁨을 주는 상호적인 관계다.

　충고나 조언이 항상 100% 나의 생각이나 상황에 부합할 수는 없다. 나만의 독창적인 아이디어와 경험을 가지고 있고, 그것이 때로는 기성세대의 생각이나 일반적인 통념과 다를 수 있기 때문이다. 그리고 그것은 결코 잘못된 것이 아니다. 젊음의 특권은 새로운 것을 시도하고 때로는 기성세대의 통념에 도전하는 데 있다. 혁신은 기존 질서에 대한 의문에서 시작된다. 언제나 혁신은 주류 외부에서 일어난다.

멘토의 이야기가 인간의 보편적인 진리나 사업의 기본적인 원칙에서 크게 벗어나지 않는다면, 최소한 한두 번은 진지하게 다시 생각해 볼 가치가 충분하다. 충분한 고민과 검토 끝에, 그들의 말보다 자신이 정말 옳다고 생각되고, 자신의 결정에 대한 모든 결과를 온전히 자신 스스로 책임질 수 있다는 확신과 준비가 섰다면, 그때는 자신의 신념대로 과감하게 밀고 나가는 것도 좋다. 그것이 바로 기업가 정신이며, 미래를 만들어가는 힘이다. 스티브 잡스가

"혁신은 리더와 추종자를 구분한다."

라고 말했듯, 때로는 고독한 결정을 내려야 할 때도 있다.

이러한 '듣기 싫은 소리'와 '진심 어린 조언'을 귀담아듣는다고 해서 결코 손해 볼 일은 없다는 사실이 중요하다. 설령 최종적으로 자신이 다른 길을 선택한다 하더라도, 그들의 이야기는 더욱 신중하고 현명한 판단을 내리는 데 중요한 참고 자료가 될 것이며, 예상치 못한 위험을 피하거나 새로운 기회를 발견하는 데 도움을 줄 수 있다. 지혜로운 조언은 성공으로 가는 길의 이정표이자, 실패를 줄여주는

안전망이 된다. 이처럼 멘토의 지혜를 구하는 것은 투입 대비 가장 확실한 이익을 보장하는, 진정으로 '손해 없는 장사'다.

4장

성공을 위한 기본

저렴한 게 답은 아니다

"값만 보고 선택하면, 결국 가장 비싼 수업료를 치른다. 싸게 사려 하기 전에, 이 선택이 내 시간과 신뢰를 얼마나 깎아 먹을지부터 계산해라."

중국 이우 시장은 중국 내수 소매상을 위한 거대한 도매 및 제조 시장이며, 서울시와 비슷한 면적의 도시 전체가 도매 시장으로 이루어져 있다. '탱크와 비행기 등을 제외하고 세상의 모든 제품이 다 있다'고 일컬어질 만큼 방대한 규모를 자랑한다. 그곳 에이전트에게 연락하여 방문했을 때, 10여 개의 업체가 나를 기다리고 있었다. 호텔에서 그들과 상담을 진행하면서 필요 없는 경우에는 정중히 거절했다.

모든 상담을 마치고 자리를 뜨려는데, 거절했던 한 회사 직원이 다시 들어와 가격을 조정했으니 다시 상담해달라고 간곡히 요청했다.

그는 처음보다 무려 30%나 할인된 가격을 제시했다. 그럼에도 내가 재차 거절하자, 이번에는 50% 할인이라는 파격적인 제안을 했다. 제품의 원재료 가격을 정확히 알고 있던 나에게는 상상조차 할 수 없는 가격이었다. 그 직원은 내가 구매할 때까지 계속 가격을 낮출 기세였다.

미국에 수출하던 시기에 미국 백화점 바이어 창고에서 우리 제품이 그들의 패키지로 갈아입는 장면을 본 적도 있다. 우리가 1달러에 납품한 물건이 10달러의 가격표를 달고 매대에 올랐다. 가격이 다르게 보이기 시작했다. 단기 매출이 아니라 지속 가능한 마진에 눈을 고정했다. 중소 제조업이 위기에서도 숨 쉴 수 있으려면, 내 기준으로 영업이익 25%는 최소한의 안전지대였다. 마진은 과장이 아니라 산소다—없으면 버티지 못했다.

물론 한국도 한때 '저가의 별'이었다. 'Made in Korea'가 세계의 바닥을 넓히던 시절이 있었다. 싸고 질 좋은 것들을 공급했다. 나이키의 조년을 뜯어보면 밑장 아래 한글이 써있는 경우도 있었으니 당시 한국의 위치를 가늠하게 한다. 지금은 그 자리에 'Made in China'가 서 있고, 프리미엄 꼭대기는 여전히 일본이 단단히 지키고 있다. 어디로 가야할까? 싸게? 아니면 프리미엄으로? 따라가다 보면 끝없이 따라갈 수밖에 없다. 다르게 가야 산다.

끝없이 가격 경쟁을 하고 싶지 않았다. '얼마나 싸게'가 아니라 '어떻게 다르게'를 묻기 시작했다. 디자인, 포장, 서비스, A/S, 정품 인증. 가격 대신 구성을 바꿨다.

경쟁이 없는 시장공간을 만들고 경쟁 자체를 무의미하게 하라.

지나가며 읽은 글귀인데 계속 생각이 났다. 가격 전쟁을 거부하고, 브랜드 자산을 축적하며, 작은 블루오션을 수시로 개척하는 것—그게 나의 길이었다.

지금은 레드오션에 들어가도 옛날만큼 긴장하지 않는다. 자체 브랜드와 차별화된 마케팅 전략 없이는 '레드 오션'에서 승리하기 힘들다. 단순 OEM 제조업에서 탈피하여 고품질 제품 생산과 강력한 브랜드 구축에 투자해야만 지속 가능한 성장을 도모할 수 있다. 제프 베조스의 말처럼, 브랜드는 회사의 명성과 같으며, 이는 어려운 일을 잘 해냄으로써 얻어진다. 레드오션에는 여전히 어려운 일이 있을 거고, 나는 이 어려운 일에 대해 두려움이 많이 사라졌다. 어려운 일을 해낼 때, 비로소 저가 경쟁에서 벗어날 수 있다.

한류 열풍으로 한국 제품에 대한 전 세계인의 인지도가 그 어느 때보다 높은 상황이다. 그 저변에는 한국 상품의 품질 향상도 있었다. 우리는 꾸준히 품질 개선에 투자하여 선진국 이상으로 제품의 완성도를 높였고, 그 결과 세계적으로 인정을 받았다. 그러나 이러한 호감이 영원히 지속될 것이라고 맹목적으로 믿어서는 안 된다. 아직도 프리미엄급 고급 제품 시장에서는 유럽과 일본 제품이 전 세계적으로 확고한 지위를 누리고 있다.

브랜드 가치가 제품 경쟁력의 핵심 요소이다. 설령 생산 원가가 다소 높아지더라도, 확고한 '프리미엄 브랜드'로서의 지위를 구축한다면 시장에서의 우위를 충분히 점할 수 있다. 값싼 노동력에만 기댄 성장은 언젠가 한계에 봉착하기 마련이다. 진정한 성장 동력은 혁신적인 기술 개발과 독보적인 브랜드 파워에서 나온다.

사업에서는 흔히 '블루 오션(Blue Ocean)'을 찾아야 한다고 말하지만, 사실 이미 포화 상태인 '레드 오션' 속에서도 자신만의 차별화 전략으로 새로운 '블루 오션'을 만들어내는 것이 진정한 경영자의 능력이다. 예를 들어, 치킨집이나 편의점처럼 이미 상점 수가 포화 상태에 이르러 사업하기 어렵다고들 한다. 하지만 외진 곳에 위치했음에도 불구하고 줄을 서서 기다려야 하는 유명 맛집들이 여전히 많다. 이는 독창적인 아이디어, 차별화된 가치, 그리고 탁월한 고객 경험이 없으면 레드 오션에 쉽게 갇히게 된다는 것을 의미한다. 포화된 시장 속에서 자신만의 품질, 디자인, 마케팅 등에서 독보적인 역량을 갖춰야 한다.

회사에게 브랜드는 사람에게 명성과 같다.
명성은 어려운 일을
잘 해냄으로써 얻어진다.

A brand for a company is like a
reputation for a person.
You earn reputation by trying to do hard
things well.

제프 베조스

경험이 자산이다

"고생을 했는데 아무것도 남지 않았다면, 네가 복기하지 않은 거다. 힘들었던 사건마다 '내가 배운 한 줄'을 적어, 스스로의 자산 계정을 만들어라."

내가 십 대 후반의 두 아들에게 처음으로 등산을 제안했을 때, 아이들의 반응은 시큰둥했다. 왜 힘들고 위험한 산에 억지로 올라야 하는지 도무지 이해할 수 없다는 표정이었다. 땀 흘리는 것을 극도로 싫어하는 아이들에게 산행의 가치를 직접 경험시키는 일은 어려웠다. 결국 나는 "정상에 오르면 좋아하는 게임 시간을 1시간 더 늘려줄게.", "힘들겠지만, 아빠 믿고 함께 등반하면 용돈 줄게."와 같은 달콤한 회유책을 쓸 수밖에 없었다. 아이들이 진정으로 싫어하는 것을 억지로 시키는 얄미운 아빠가 되겠지만, 그럼에도 불구하고 자식들에게 등산이라는 새로운 경험을 선물해 주고 싶은 부모의 마음이 더 컸다.

돌아보면, 강요처럼 보였던 내 선택들에는 항상 갈등이 있었다. 겨울, 초등학생 두 아이를 해병대 체험학교 버스에 태우고 돌아섰던 새벽이 특히 그랬다. "정말 이렇게까지 해야 하나?" 아이들이 힘들어할 것을 생각하니 마음이 아팠다.

나 역시 누군가에 의해 강제로 경험을 쌓기도 했다. 열 살 무렵, 할아버지는 막걸릿잔을 내게 쥐여주며 예절을 가르치셨다. 두 손으로 따르고, 고개는 약간 옆으로 돌려 마시고, 취기가 오를수록 몸을 다잡았다. 그 밤 나는 비틀거렸고, 할아버지의 기침 소리에 정신을 차렸다. '절제해야 한다.' 이후 술자리에서 실수하지 않으려 애썼고, 흔들릴수록 등을 곧게 세우려 했다. 나는 그 배움을 아이들에게도 조금씩 전해 주었다. 맛을 알라는 뜻이 아니라, 상황을 다스리는 법을 배우라는 뜻으로 말이다.

아이들을 산으로 이끌고, 등산의 어려움과 산 정상에서 세상을 보게 하려는 이유는 단순했다. 삶의 의식을 가르치려 한 이유는 단순했다. 학교가 채워주지 못하는 것을 경험이 채워준다고 믿었기 때문이다. 고생은 당장 소용없어 보였지만, 언젠가 경험은 핏속에 남아 그들을 도울 것이라 믿었다.

선택의 문제로 옮겨 보면 더 분명해졌다. 살면서 맞닥뜨린 갈림길 앞에서 나는 자주 생각한다. '갈까 말까 고민되면 간다. 살까 말까는 사지 않는다. 말할까 말까는 말하지 않는다. 먹을까 말까는 먹지 않는다.' 시행착오 속에서 얻은 작은 원칙들이었다. 완벽한 원칙은 아니었지만, 결정의 망설임을 줄이는 장치로는 충분했다. 무엇보다 중요한 건 '왜'보다 '경험'이었다.

> 인간에게서 모든 것을 빼앗을 수 있어도 한 가지만은 빼앗을 수 없다. 마지막 자유—주어진 상황에 대해 자신의 태도를 선택하는 자유.
>
> 빅터 E. 프랭클

《죽음의 수용소에서(Man's Search for Meaning)》에 나온 말이다. 나는 이 말을 이렇게 해석했다. 상황은 타고나지만, 태도는 선택된다. 산을 오르는 다리도, 잔을 드는 손도, 버스를 떠나보내는 등도 결국 '태도'의 연습이었다.

나는 여전히 아이들에게 인기 없는 아버지였고, 가끔은 과했을지도 모른다. 고생의 작은 분량이 훗날의 용기를 키운다는 사실을 그럼에도 가르치고 싶었을 뿐이다.

부모는 어린 자녀에게 이것저것 지시하고 이끌지만, 자녀가 성장할수록 부모의 영향력은 점차 줄어들고 자녀 스스로의 의지로 선택하고 결정해야 하는 영역이 점점 더 많아진다. 특히 성인이 되면 자신의 삶과 관련된 거의 모든 것을 자신의 선택으로 결정해야만 한다. 그때부터는 자신의 선택에 대한 모든 책임 또한 오롯이 자신이

져야 한다.

프랑스의 실존주의 철학자 장 폴 사르트르는 "인생은 B(Birth, 탄생)와 D(Death, 죽음) 사이에 있는 C(Choice, 선택)다."라는 유명한 말을 남겼다. 이 명언은 인간의 삶이 끊임없는 선택의 연속으로 이루어져 있음을 보여준다. 현대에 와서는 'C'를 CHALLENGE(도전)와 CHANGE(변화)라는 표현으로 확장하여 사용하기도 한다. 시대에 따라 표현은 조금씩 달라질 수 있지만, 인간이 세상에 태어나 죽음을 맞이할 때까지 수많은 선택과 도전, 그리고 변화의 과정에서 살아간다는 사실은 변치 않는다. 앞으로 다가올 미래 사회는 변화의 속도가 더 빨라질 것이며, 얼마나 유연하게 변화에 적응하고 대처하느냐가 개인의 성공과 행복을 결정하는 중요한 요인이 될 것이다. 과거에는 선택의 자유가 제한적이었지만, 현대 사회에서는 누구나 자신의 의지에 따라 자유롭게 선택하고 도전할 수 있는 기회가 열려 있다. 이제는 끊임없이 배우고 성장하며, 지식과 지혜를 얻는 자만이 누구보다도 앞서갈 것이다.

기본이 실력이다

"화려한 스킬은 위기에 가장 먼저 무너진다. 네 일의 '기본 동작' 세 가지를 정하고, 지겨울 만큼 반복 점검해라."

새로운 도시로 여행 중 예기치 않게 차가 고장 났다. 급한 마음에 그 지역에서 '소문난 전문가'라는 추천을 받아 세 곳의 카센터를 찾아다녔지만, 결국 하루 종일 고생만 하고 수리를 받지 못했다. 공인된 대기업 직영 카센터 두 곳과 소위 '명장'이라 불리는 개인 전문가 한 곳을 방문했지만, 모두 열심히 차량을 분해하고 점검했음에도 문제의 근원을 찾아 해결하는 데는 실패했다. 결국 서울에 있는 단골 카센터 사장에게 전화로 자문을 구했고, 그의 지시에 따라 차량을 서울로 견인했다. 단골 카센터 사장은 간단히 고칠 수 있었다. 당시 차량을 견인했던 기사조차도 "나 역시 이 분야에 20년을 몸담고 있지만, 카센터는 정말 실력 좋은 곳을 찾아 이용해야 한다"고 강조했던 기억이 선명하다.

　의료·법률·세무 같은 영역에서도 다르지 않다. 의사도 서로 실력을 인정하고 추천을 주고받듯, 변호사·회계사·노무사 역시 사람마다 역량과 태도가 천차만별이다. 더구나 우리는 대개 불행이나 위기를 겪을 때 전문가를 찾는다. 마음이 급하고 정보가 없으니 "소개니까"를 믿고 맡기다 뒤늦게 후회하는 일도 흔하다. 맹목적 신뢰는 위험하지만, 반대로 무지에서 비롯한 의심도 독이다. 결국 해답은 기본을 아는 것과 정확히 소통하는 것이다.

　회사 경영을 하다 보면 세무·노무·법률 지원이 필수다. 이때 최소한의 '아마추어 지식'이 있느냐 없느냐가 비용과 시간, 심지어 결과까지 가른다. 용어를 이해하고 절차의 큰 흐름을 아는 사람과 그렇지 않은 사람에게 전문가가 들이대는 정성과 설명의 깊이는 다르다. 참치 집에서 부위를 알아보고 칼맛을 알아차리는 손님에게 주방장이 자연스레 더 좋은 몫을 내어주는 것과 같다.

　문제는 우리가 일상적으로 그런 이들과 자주 거래하지 않으니, 누구를 어떻게 고르면 좋을지 감이 없다는 데 있다. 나는 소개만 맹신하지 않는다. 소개는 시작일 뿐, 비교의 출발선이다. 온라인에서 이력과 판례·논문·기고문·고객 피드백을 차분히 읽고, 최소 두세 곳과는 직접 통화하거나 상담을 잡는다. 같은 사안이라도 설명 방식과 질문의 결이 다르다. 내 이야기를 끝까지 듣는가, 모르면 모른다고 말하는가, 선택지를 장단점과 함께 제시하는가, 비용과 일정·리스크를 문서로 남기는가. 이 몇 가지에서 이미 절반이 갈린다.

의뢰인의 태도도 중요하다. 애매한 말과 감정 섞인 호소만으로는 정확한 처방을 기대하기 어렵다. 날짜·수치·문서·대화 기록 등 사실을 정리해 건네고, 내가 원하는 바를 한 문장으로 요약해 전달하는 습관이 필요하다. "무조건 잘 부탁드립니다."보다 "A 안을 선호하지만, B 안도 고려 중이고, 최우선은 리스크 최소화입니다."가 훨씬 생산적이다. 질문도 준비하자. "가장 나쁜 상황은 무엇인가요?", "그 경우 대응 순서는?", "이 선택의 숨은 비용은?", "책임 소재는 계약서 어디에 어떻게 표현되나요?" 같은 질문은 전문가의 사고를 끌어올리고, 내 판단의 좌표를 선명하게 만든다.

인성은 기본이다. 급한 불을 꺼주고도 뒤끝이 늘 좋지 않은 '사(師)'자들을 겪어 보았다. 설명을 생략하고, 상대의 무지를 이용하듯 거들먹거리는 태도는 나중에 반드시 비용으로 되돌아왔다. 반대로 "이건 제 전문이 아닙니다."라며 동종 업계 다른 이를 연결해 주거나, 오해 소지가 있는 부분을 먼저 문서로 정리해 주는 사람과는 오래 갔다.

이런 과정을 거치다 보면 한 가지 원칙이 선다. 기본의 중요성이다. 맡기되 방치하지 말고, 믿되 확인하자. 핵심 문서는 직접 읽고, 중요한 합의는 반드시 글로 남긴다. 비용은 싸면 쌀수록 좋지만, 값이 의심스러울 만큼 낮다면 무엇이 빠졌는지부터 물어야 한다. 착수금과 성공보수, 범위와 제외 항목, 일정과 저작권·비밀 유지·책임 한계를 계약서에 분명히 새겨 두면, 뒤탈의 절반은 예방된다.

기본으로 극복이 되지 않는 위기 때 허둥대지 않으려면 '나만의 명단'을 미리 만들어 두자. 차는 이 집, 세금은 이 분, 인사는 저곳, 법률은 이 로펌의 누구. 한 번의 작은 업무로 시험해 보고, 피드백을 주고받으며 관계를 다져 두면 급할 때 빛을 발한다. 이상적인 그림은 전문가가 필요 없는 삶이지만, 현실적인 지혜는 필요할 때 의연하게 부를 수 있는 사람을 길어 두는 것이다.

요약하면 이렇다. 간판보다 실력, 실력만큼 인성, 두 요소를 걸러낼 당신의 기본기. 그리고 사실을 정리해 또렷하게 말하는 습관. 이 네 가지가 갖춰지면, 전문가를 만나도 위축되지 않고, 맡긴 일은 더 정확해지며, 결과는 한층 안전해진다.

혼자 해결하지 말고 전문가를 만나라

"모든 걸 혼자 해내려는 사람은, 결국 중요한 순간에 무너진다. 세금, 법, 건강처럼 망가지면 돌이키기 힘든 영역은, 초기에 돈을 주고라도 전문가에게 가라."

변호사를 찾게 되는 일은 사업을 하다 보면 피하기 어렵다. 처음에는 "최대한 내 선에서 해결하자."는 마음으로 버티지만, 어느 지점에서 법률의 벽을 만난다. 나의 무시도 한몫했나. 그동안 네 명의 변호사에게 사건을 맡겼고, 결과는 달랐다. 씁쓸한 경험도 있다.

변호사는 내 문제를 듣자마자 승소 가능성이 높다며 고소를 권했다. 말투는 다정했고 자신감도 넘쳤다. 착수금 30%, 성공보수 30%라는 조건에 합의했으나, 곧 "조사비가 필요하다."며 현금을 몇 차례 더 요구했다. 계약금 전액을 건넨 뒤로는 소식이 끊겼다. 반 년이 지나 재촉하자 "그 정도 비용에 왜 서두르느냐."는 말만 돌아왔다. 처음의 친절함은 흔적도 없이 사라졌다.

　의사도 그렇다. 나의 친구는 허리 통증으로 고생하다가 수술이 나의 지인이 수술이 필요하다는 진단을 받고 대학병원에 입원했다. 그런데 의료진의 착오로 엉뚱하게 고관절 수술을 받고 오랜 시간 극심한 고생을 했다. 수술 후에도 통증이 계속되어 여러 병원을 전전하다가, 나중에야 다른 의사가 실수를 발견했다. 안타깝게도 이 의사는 사고를 낸 의사와 친분이 두터워, 친구에게 법적 고발을 하지 말아달라고 사정하여 어쩔 수 없이 무료 치료만 받고 사고를 덮은 가슴 아픈 사연도 들었다. 환자들은 병원에서 억울한 일을 당하더라도 치료를 이어나가야 한다는 생각 때문에, 법적 다툼보다는 무료 치료나 적당한 보상으로 합의하고 넘어가는 경우가 많다. 물론 의료 사고 없이 성공적으로 병이 치료되는 경우가 훨씬 많다는 것도 사실이다. 그러나 '나에게 의료 사고가 일어나지 않을 것'이라는 안일한 생각은 금물이다.

　모임에서 만난 A회계사는 나에게 매우 친절했다. 자신을 실력 있는 회계사라고 소개했다. 그는 사업 초창기였고, 나에게 공손하고 진실된 모습으로 도움을 요청하여 나의 회사 회계 업무를 5년간 맡기게 되었다. 당시 회계 지식이 부족했던 나는 전적으로 그를 믿었다. 그가 말한 대로 회계 관리를 잘 해줄 것이라고 생각하고 의문을 제기하지도 않았다. 그러던 중 회사 이전 문제 등 사정이 생겨 내 친구인 B 회계사에게 회계 업무를 맡기게 되었다. 나는 A 회계사에게 그

동안 수고한 것에 대한 고마움을 전하고 나의 회계 자료를 B에게 넘겨주기를 요청했다. 인계 받은 B 회계사가 나에게 이야기한 내용은 충격적이었다. 5년간의 자료를 B가 확인해보니 너무 엉망으로 관리되었고, 세무조사를 받지 않은 것이 운이 좋을 정도로가 부실했다고 말했다. 나의 무지로 인해 5년 간 회계 관리가 엉망이었음을 뒤늦게 깨달았다.

기업은 매년 회계를 정리하여 세무 보고를 한다. 이 세무 보고서는 기업의 1년치 경영 실적을 보여주므로 매우 중요하다. 회계사들은 '세무 조정'이라는 절차를 통해 합법적인 세금 절감 방안을 제시한다. 이는 국세청에 공식적으로 보고되는 사항이므로 실수가 있을 경우 기업 경영에 큰 차질이 생길 수 있다. 세무사가 부실하게 작성한 기록으로 사업에 막대한 영향을 주는 경우를 나는 많이 보아왔다. 부실 기록이 몇 년이 지난 후 발견되는 경우가 많다 보니, 현 회계사와 전 회계사의 책임 공방이 발생하기도 한다. 세무조사로 위험에 저해신 회사를 오히려 이용하는 회계사도 적지 않다. 신뢰할 수 있는 회계사와의 협력은 기업 경영의 성패를 좌우할 만큼 필수적이다. 회계사 선택에 신중을 기해야 하며, 회계사와의 소통에도 적극적이어야 한다. 동시에 기업 경영자 스스로도 회계와 세법에 대한 이해를 높이려 노력해야 한다.

네번째 만난 변호사는 문제점을 살펴보고 나에게 나의 실수와 잘못을 지적하고 상세하게 가르쳐 주었다. 사실 변호사의 잘못도 있지만 나의 부족함으로 문제가 된 것도 알게 되었다.

전문가의 실력과 인성의 균형을 보아야 한다. 모르면 모른다고 말하고, 필요하면 동료 전문가를 연결해 주며, 오해 소지가 있는 부분을 먼저 문서로 정리해 주는 사람과는 오래 간다. 반대로 상대의 무지를 이용하듯 군림하고, 약속을 말로만 하는 사람과는 처음부터 거리를 두어야 한다. 소개는 출발선일 뿐 검증의 면허증이 아니다. 나는 이제 좋은 의사 변호사 회계사를 얻었다. 그들을 통해서 나의 실수나 잘못도 알게 되었고 개인적이거나 회사경영차원에서도 많은 도움을 받고 있다. 그들은 솔직한 조언을 서슴치 않는다. 어떤 때에는 받아 들이기 어려운 조언이지만 결국 그들의 전문적 조언이 옳은 경우가 많다. 훌륭한 멘토를 만나는 것은 인생에서 매우 중요하다.

숫자에 관심을 가져라

"숫자를 모른다는 건, 네 삶의 결과를 외면하겠다는 선언이다. 최소한 한 달에 한 번은 수입·지출·부채를 직접 적어 보고, '왜' 그런 숫자가 나왔는지 설명해 보라."

돌이켜보면 내가 가장 후회하는 일 중 하나는 회계 지식 없이 사업을 시작했고, 하고 나서도 끝내 본격적으로 공부하지 않았다는 점이다. 담당 직원에게 "알아서 하라."고 맡긴 탓에 그 능력이 미진해도 알아차리지 못했다. 회계사가 회사의 재무 상태를 설명해도 어느 정도로 심각한지 감을 잡지 못했고, 일이 커져 손실을 보고서야 회계의 무게를 깨달았다. 법인 회계는 1~2년으로 끝나지 않는다. 10년이 지나서도 문제가 터질 수 있다. 재고와 경비를 조정해 당장의 세금을 줄이는 데만 매달리면 언젠가 더 큰 부담이 돌아온다. 회계사 입장에서는 고객이 좋아하는 '즉시 절세'가 편할지 모르지만, 그 미래의 빚은 결국 대표인 내가 갚는다.

나는 회계사와 경리 직원이 나보다 내 회계를 더 성심껏 챙겨 줄 것이라 기대했다. 사업은 '내가 모르면 아무도 나를 위해 싸워 주지 않는다.'는 냉정한 원칙 위에 서 있다. "무식하면 몸과 마음이 고생한다."는 말을 남에게 하곤 했지만, 그 말이 정확히 내게 돌아왔다. 숫자를 모르면 의사결정은 흐려지고, 흐려진 결정은 비용이 되어 돌아온다.

많은 이들이 빠른 은퇴를 꿈꾼다. 60세가 퇴직 나이로 여겨지던 시절은 지났다. 준비하기에 따라 50세가 될 수도, 70세가 될 수도 있다. 빠른 은퇴가 반드시 선(善)은 아니다. 그러나 시간을 설계할 줄 아는 사람에게는 두 번째 인생의 문을 여는 기회가 온다. 그 관문은 경제력이다. 은퇴 시에는 돈을 버는 법만큼, 번 돈을 지키고 불리는 법—금융 지식이 필수다. 저축과 소비, 보험과 세금, 투자와 위험 관리에 대한 이해가 없으면 버는 것보다 새는 것이 더 많아진다.

전문가를 믿는 태도도 늘 점검해야 한다. 은행 창구의 권유나 판매자의 말은 때로 상업 논리로 움직인다. 본인이 모르는 상태에서 서명을 하면, 손실의 책임은 내 계좌로 귀결된다. 노인이 평생 모은 돈을 권유에 이끌려 위험 상품에 넣었다가 큰 손해를 보는 기사가 반복되는 이유다. 믿음은 필요하지만, 이해 없는 믿음은 위험하다.

선진국 상당수는 초등 때부터 금융을 가르친다. 우리는 여전히 학교에서 충분히 배우지 못했고, 한 조사에선 20대의 금융 문해력이 낮다는 결과도 있었다. 현실이 그렇다면 해법은 명백하다. 스스로 공부하고, 습관을 바꾸고, 도구를 마련하는 것이다. 개인 가계부를 넘어 손익계산서·재무상태표·현금흐름표의 기본 구조를 익히고, 복리와 수수료, 세후 수익률의 차이를 계산해 보며, 위험과 수익의 균형, 분산과 레버리지, 유동성과 만기의 의미를 자기 언어로 설명할 수 있을 때까지 반복해야 한다. 사업자라면 매출총이익과 영업이익의 차이, 고정비와 변동비, 임계손익점, 운전자본과 현금 흐름, 감가상각과 세무조정, 세무조사 대응의 원칙을 몸에 붙여야 한다. 이 지식은 '당장 돈 버는 기술'이 아니라 '잘못 새는 구멍을 막는 기술'이다.

은퇴를 50세 이전에 준비한다는 것은 일을 일찍 그만두겠다는 선언이 아니라, 삶을 능동적으로 설계하겠다는 약속이다. 은퇴 후 필요한 생활비와 의료비, 주거비를 가늠하고, 현재의 저축률과 자산 배분으로 도달 가능한지 시뮬레이션해 본다. 보유 자산의 현금흐름을 점검하고, 불확실성에 대비한 안전망을 쌓는다. 그리고 돈 밖의 계획—어디에서, 누구와, 무엇을 하며 하루를 보낼지—도 숫자만큼 구체적으로 그려야 한다. 쓸 줄 모르는 여유는 금세 공허가 되고, 공허는 다시 지출된다.

학습은 평생 이어져야 한다. 시장은 변하고 상품은 바뀐다. 주기적으로 재무 현황을 리뷰하고, 계약서는 끝까지 읽고, 이해되지 않는 조항은 질문으로 돌려야 한다. 회계사와 만날 때도 "맡깁니다."가 아니라 질문과 가설을 들고 가야 서로의 일이 정확해진다. 전문가를 존중하되, 내 사업의 최종 책임은 나에게 있다는 사실을 잊지 않는다.

  결국 회계는 사업가의 언어이고, 금융은 자유의 문법이다. 회계는 나를 지키고, 금융은 나의 시간을 산다. 빠른 은퇴를 꿈꾼다면 오늘 당장 한 페이지를 읽고, 한 줄을 기록하자. 배우는 만큼 새는 곳이 막히고, 아는 만큼 선택지가 넓어진다. 숫자를 아는 사람에게 미래는 우연이 아니라 계획이 된다. 그리고 그 계획은, 내 삶을 내가 고르는 힘이 된다.

회계는 경영의 언어다

"말로는 아무리 멋진 비전을 외쳐도, 장부가 거짓말을 폭로한다. 재무제표를 다른 나라 말처럼 대하지 말고, 한 항목씩 번역해서 이해할 때까지 붙들어라."

회계에 대한 이야기를 더 해보자. 여러 번 해도 모자라지 않는다.

모임에서 만난 A 회계사는 처음부터 친절했고, 자신이 얼마나 성실하고 유능한 사람인지 차분히게 설명했다. 사업 초창기였던 나는 회계에 밝지 않았고, 그의 공손한 태도와 확신에 기대 5년을 맡겼다. 그동안 의심하지 않았다. "전문가가 알아서 잘하겠지."라는 안일함이 있었다. 회사 이전 문제로 친구 B 회계사에게 업무를 넘기려 했을 때, A는 자료를 정리해 깔끔히 전달하겠다고 했다. 그러나 실제로는 몇 차례 재촉 끝에 조각난 파일이 더러 왔을 뿐이었다. 뒤이어 B에게서 들은 이야기는 충격이었다. A가 "고객이 성가셔서 억지로 맡았다, 이제 넘기게 되어 속이 시원하다."라는 내용의 메일을 보냈다는 것이다. 무엇보다 더 큰 문제는 기록 그 자체였다. 중요한 계정이 뒤섞여 있고, 증빙 연결도 엉망이라 '세무조사를 피한 것이 운이 좋았던 수준'이라는 평가를 들었다.

세무조사를 앞둔 지인의 사례를 보며 문제의 뿌리를 다시 확인했다. 세무사는 조사 대응을 이유로 적지 않은 비용을 요구했다. 평소 본인이 해온 기장과 신고의 연장선인데도 마치 전혀 별개의 프로젝트인 것처럼 가격표가 붙었다. 고객은 밤잠을 설칠 만큼 불안해하지만, 정작 담당자는 태연한 표정으로 관행을 읊는다. 물론 조사 대응은 시간과 숙련이 필요한 전문 업무다. 그럼에도 평소 시스템이 깔끔하고 설명 가능한 장부를 갖춘 회사라면, 그 부담은 훨씬 줄어든다. 다시 말해 위기 때 드러나는 것은 운이 아니라 평소의 회계 체력이다.

회계는 숫자를 적는 기술이 아니라 경영의 언어다. 재무제표 한 장은 회사의 건강 상태표이며, 의사결정의 지도다. 현금흐름을 읽을 줄 알면 투자와 비용 조정의 타이밍이 보이고, 프로젝트별 손익을 꾸준히 추적하면 무엇을 확대하고 무엇을 접어야 하는지 감이 생긴다. 데이터를 통해 전략을 세우는 습관이 자리 잡아야 "이번 분기만 넘기자."라는 임기응변에서 벗어날 수 있다. 이 과정에서 좋은 회계사는 단순 대행자가 아니라, 숫자로 리스크를 경고하고 적법한 절세의 길을 찾아 주는 동반자여야 한다. 반대로 '기계적 입력-기계적 신고'

에 머무는 회계와의 협업은 회사의 시간을 마모시킬 뿐이다.

문제는 대부분의 경영자가 회계를 '외주'로만 생각한다는 점이다. 내가 전적으로 맡기고 손을 떼면, 회계사는 제출된 기록만으로 최소한의 신고를 할 가능성이 크다. 그러니 내가 먼저 언어를 배워야 한다. 복잡한 세목 전부를 마스터할 필요는 없다. 적어도 손익계산서와 재무상태표, 현금흐름표의 기본 구조, 세무조정의 의미와 대표적 가감 항목, 인건비·재고·감가상각이 세금과 현금흐름에 미치는 영향 정도는 경영자 교양으로 체화해야 한다. 이 정도만 알아도 회계사와의 대화 수준이 달라진다. 전문가도 '아는 고객'과는 다르게 일한다.

회계사를 고를 때는 태도를 먼저 본다. 숫자 오류를 숨기지 않고 먼저 설명하는지, 모호한 항목을 문서로 정리해 책임 소재를 분명히 하는지, 연 1회 신고가 아니라 분기·월 단위로 경영과 관련된 숫자를 함께 점검할 의지가 있는지 묻는다. 보고 주기와 방식, 자료 반환 범위, 추가비용 발생 기준, 세무조사 대응의 역할 구분을 계약서에 명문화하는 것도 필수다. 약속은 말이 아니라 기록이어야 한다. 평판 역시 중요하지만, 소개만으로 안심하지 말고, 작은 업무부터 시범적으로 맡겨 본 뒤 관계를 키우는 편이 안전하다. 무엇보다 '절세'라는 말 뒤에 불필요한 위험을 숨기지 않는 사람인가, 상식과 윤리의 선을 지키는가를 봐야 한다. 회계는 회사의 '속살'을 들여다보는 일이다. 인품이 실력의 일부인 이유다.

나는 매달 간단한 경영 리포트를 직접 읽는다. 매출 총이익률과 고

정비 추이, 재고 회전, 대손충당과 미지급 세금의 변동을 체크하고, 분기마다 회계사와 1시간은 숫자만 놓고 이야기한다. 그 짧은 반복이 위기의 징후를 가장 먼저 알려준다. 한때는 "전문가를 믿는다."라는 말을 자주 했지만, 지금은 "전문가와 함께 본다."라고 고친다. 믿되 방치하지 않고, 맡기되 확인한다. 그 단순한 원칙이 숫자를 내 편으로 만든 가장 확실한 방법이었다.

좋은 회계사는 비용이 아니라 자산이다. 장부를 맞추는 사람을 넘어, 미래의 결정을 돕는 사람이다. 반대로 성의 없는 회계는 회사의 발목을 잡는다. 선택의 책임은 결국 경영자에게 있다. 숫자의 언어를 외면하지 말고, 말이 아닌 기록으로 관계를 맺자. 그때 비로소 회계는 '세금 내는 수고'에서 '미래를 설계하는 힘'으로 바뀐다. 그리고 나는 더 이상 누군가의 메일 한 줄에 내 사업의 안위를 맡기지 않을 것이다.

생각이 많으면 산행을 하라

"생각만 하면서 버티다 보면, 고통은 늘고 선택지는 줄어든다. 머리가 복잡할수록 몸을 먼저 움직여, 발로 뛰며 정보를 모으고 사람을 만나러 나가라."

오랜만에 산에 함께 오른 Y 사장은 비만이 심했고, 학창 시절 이후로 산을 거의 타지 않았다. 첫 오르막에서부터 숨이 턱턱 막히더니 한 시간쯤 지나서는 내려가자고 재촉했다. 나는 그에게 피로회복제를 건네고, 종아리를 주물러 주며 한 걸음씩만 더 가 보자고 달랬다. 남들보다 두 시간 늦게 겨우 정상에 닿았다. 그날 이후로 그는 조금씩 산에 붙기 시작했고, 마침내는 "일반 산행은 시시하다."며 암벽까지 권하는 사람이 되었다. 사업이 어려울 때마다 그는 첫 산행의 고비를 떠올렸단다. "그보다 더 힘들겠나." 산행이 그의 기준을 바꾸고, 마음의 저력을 키워준 것이다.

나는 산행을 이렇게 설명한다. 사무실 컴퓨터가 버벅거릴 때 최후의 수단은 포맷이다. 귀찮고 위험해도 한 번 싹 밀고 나면 시스템은 맑게 리셋되고, 모든 명령을 거부 없이 받아들인다. 우리의 뇌도 마찬가지다. 스트레스라는 바이러스에 감염되면 판단이 흐려지고 효율이 떨어진다. 이때 약도, 억지 의지도 오래가지 못한다. 뇌를 포맷해야 한다. 산행은 그 포맷에 가장 가까운 행위다. 나무와 바람, 흙냄새 속에서 오르내리다 보면 머릿속을 점거하던 소음이 서서히 사라진다. 내려올 즈음엔 문제 그 자체가 바뀌지 않았는데도 문제를 바라보는 각도가 바뀌어 있다.

사실 나도 마흔 초반까지 산을 이해하지 못했다.

"어차피 내려올 걸 왜 죽을힘을 다해 올라가나. 얼마나 비효율적인가?"

주말도 반납하고 일하던 나는, 산행을 비효율의 극치라 여겼다. 헬스장에서 두세 시간 땀 흘리는 편이 훨씬 낫다고 믿었다. 그러다 회사의 연장자 권유로 어쩔 수 없이 산에 나선 어느 여름날, 여섯 시간을 꼬박 오르내린 끝에 탈진하다시피 내려왔다. 온몸이 쑤시고 무릎이 시큰거렸다. "다시는 안 간다." 마음속으로 맹세까지 했다.

그런데 일주일 뒤, 텅 빈 사무실 창 너머로 산 능선이 눈에 밟혔다. 설명하기 어려운 충동이었다. 몇 번 망설이다가 자리에서 일어나 홀로 산으로 갔다. 신기하게도 지난주보다 몸이 가볍고, 발걸음이 덜 힘들었다. 내려오는 길에 머리가 유리창 닦듯 맑아지는 것을 느꼈다.

계절만 바뀌면 괴롭히던 비염 증상도 누그러졌다. 경영 스트레스로 더부룩하던 속도 잠잠했다. 누가 시킨 것도 아닌데, 나 스스로 산을 찾은 그날을 나는 '산신령이 부른 날'이라 부른다. 그때부터 산은 내게 운동을 넘어, 마음을 정돈하는 의식이 되었다.

산에 있으면 불필요한 것들이 사소함의 자리로 되돌아간다. 지난주엔 밤새도록 신경을 긁던 일이 오늘은 그저 해결 가능한 과업으로 보인다. 언성을 높였던 직원의 표정이 떠오르고, 미안함과 고마움이 동시에 스친다. 내 마음의 날카로운 것들이 둥글게 다듬어지는 느낌이다. 산행이 주는 가장 큰 선물이다. 심폐가 강화되고, 칼로리가 소모되고, 체중이 조절되는 물리적 변화는 부록에 가깝다. 본질은 '거리 두기'에서 비롯된 회복이다.

물론 누구에게나 같은 방식으로 뇌가 포맷되지는 않는다. 어떤 이는 물에서, 어떤 이는 공에서, 또 어떤 이는 음악에서 회복을 얻는다. 경영자라면 산행을 한 번쯤은 생활의 리듬 안에 들여놓아 보라고 권하고 싶다. 수발 반나절이면 충분하다. 마케팅 자료도, 미팅 약속도, 해결책도 잠시 내려놓고 오로지 발과 호흡과 하늘만 상대해 보라. 내려오는 발목에 힘이 생기면, 책상 앞에서 풀리지 않던 매듭 하나가 스르르 풀리는 경험을 하게 될 것이다.

스트레스는 만병의 기원이자 경영 판단을 흐리는 최대의 방해물이다. 산행은 그 스트레스를 강제로 '오프라인'으로 만든다. 숨이 차오르는 구간에서는 생각이 단순해진다. 지금 한 발, 다음 한 발, 그

다음 한 발. 간단한 리듬이 어지럽던 마음을 정렬한다. 자연이 주는 반복과 규칙이 사람에게 필요한 '느린 속도'를 되돌려 준다. 그 느림 덕분에 우리는 다시 빠르게 결정할 수 있다.

돌이켜보면, 산을 멀리하던 시절의 나는 늘 바빴지만 본질적으로는 제자리걸음이었다. 산을 가까이한 뒤로는 바쁨 속에도 방향이 생겼다. 산은 성과를 약속하지 않는다. 회복을 약속한다. 회복된 사람은 성과까지 끌고 온다. 경영자에게 산행은 선택이 아니라 필수라고 말한다. 컴퓨터를 주기적으로 포맷하듯, 우리 몸과 마음도 정기적인 리셋이 필요하다. 비용 대비 효과를 따져도 이만한 방법을 아직 찾지 못했다.

산행은 문제를 없애주지 않는다. 다만 문제를 다룰 사람을 바꿔 놓는다. 더 맑고, 더 단단하고, 더 여유로운 사람으로. 그 변화가 한 회사와 한 삶을 조금씩, 그러나 확실히 좋은 쪽으로 돌려세운다. 그러니 다음 주말, 산을 한 번 올려다보라.

당신의 뇌가 '포맷'을 원하고 있을지 모른다.

기본적인 유머 감각을 길러라

"자기 자신을 한 번도 웃음거리로 만들지 못한 사람과, 누가 오래 일하고 싶겠는가. 내 실수담 하나를 미리 준비해 두고, 자리 분위기가 얼었을 때 먼저 꺼내라."

산행 모임에 늘 분위기를 띄우는 선배가 있었다. "등산할 때 언제가 제일 힘든지 알아요?" 모두가 "오를 때요.", "내려갈 때 무릎이요."라며 제각각 답하면, 선배는 할짝 웃으며 이렇게 마무리한다.

"아침에 이불 속에서 갈까 말까 망설일 때가 제일 힘듭니다."

한마디에 웃음이 터지고, 그날 산행은 이미 반쯤 성공한 것이 된다. 가벼운 농담 한 줄이 사람들의 어깨를 풀어주고, 함께 걷는 길의 공기를 바꿔 놓는다.

우리 속담에 "말 한마디로 천 냥 빚을 갚는다."가 있다. 천 냥이란 인생을 흔들 만큼 큰돈이다. 그만큼 유머 한 마디가 판을 바꿀 수 있다는 뜻이기도 하다. 1984년 미국 대선 TV 토론에서 레이건은 상대가 자신의 고령을 문제 삼자 "이번 선거에서 나이를 문제 삼지 않겠습니다. 상대 후보가 너무 젊고 경험이 부족한 점을 정치적으로 이용하지 않겠습니다."라고 받아쳤다. 한 줄의 재치가 공세를 미소로 녹였고, 약점은 곧바로 강점으로 뒤집혔다. 유머는 때로 최고의 방어이자 가장 우아한 역공이다.

경영에서도 유머는 경쟁력이다. '펀(FUN) 경영'이라는 말처럼, 일터가 즐거울수록 생산성과 몰입이 높아진다는 것은 많은 조직에서 체감하는 사실이다. 유머 감각이 있는 리더는 긴장을 풀고, 서로의 거리를 좁히고, 팀을 하나로 묶는다. 영업 현장에서도 마찬가지다. 첫인상은 짧고 계약은 길다. 미소와 한마디 재치는 낯섦을 호감으로 바꾸는 가장 빠른 다리다. 세태를 빌리자면, "용기 있는 자가 미인을 얻는다."에서 "유머 있는 자가 마음을 얻는다."로 세상이 조금 달라졌다.

유머는 건강에도 이롭다. 웃음은 마음의 근육을 풀어주고, 몸의 긴장을 내려놓게 한다. 어떤 병원은 "하루 15초만 웃어도 건강이 이틀은 더 간다."는 안내 문구로 환자들의 어깨를 가볍게 해 준다. 과학적 수치를 떠나, 웃음 뒤의 가벼워진 숨과 느슨해진 표정만으로도 충분히 설득력이 있다. 무엇보다 유머는 창의적인 사고를 열고, 꽉 막힌 회의장에 산들바람을 들인다. '말이 통한다.'는 느낌은 대개 웃음과 함께 온다.

물론 아무 유머나 약이 되지는 않는다. 상황과 맥락에 맞아야 하고, 누군가를 낮춰 올리는 방식은 금물이다. 비하나 편견, 정치·종교 같은 민감한 주제를 건드리는 농담은 관계에 상처를 남긴다. 가장 안전하고도 힘 있는 유머는 스스로를 살짝 낮추는 자기 풍자, 그리고 함께 웃을 수 있는 관찰에서 나온다. 타이밍을 놓치지 않는 절제, 듣는 이를 배려하는 어휘 선택, 그리고 무엇보다 상대의 표정을 읽는 감수성이 필요하다.

나는 회의나 발표를 시작할 때, 선배의 산행 일화처럼 가벼운 유머로 첫 단추를 채우려 한다. "오늘 제일 힘든 시간은 지금, 앉아 있는 이 3분일지 모릅니다."라고 말하면 분위기가 부드러워진다. 정보와 논리만으로 움직이지 않는 순간들이 있다. 그때 마지막 한 칸을 밀어주는 것은 종종 사람의 온기에서 나오는 웃음 한 방울이다.

유머는 돈이 들지 않는 최고의 설득 도구이자 관계의 윤활유다. 이왕이면 미소 짓는 사람에게서 사고, 이왕이면 웃게 해주는 사람과 일하고 싶다. 산행 선 이불 속에서 갈까 말까 망설이는 마음을 툭 치듯, 우리의 하루도 유머 한 마디로 가볍게 밀어 보자. 말 한마디로 천 냥을 갚는다는 속담은 오늘도 유효하다. 상대의 마음에 쌓인 '보이지 않는 빚'을 웃음으로 먼저 갚는 것—그게 사람과 일, 삶을 조금 더 잘 풀어 가는 방법임을 나는 이제 믿는다.

아마 나는, 왜 인간만이 웃는지 가장 잘 안다. 인간만이 너무 깊이 고통받기에, 웃음을 발명해야 했기 때문이다.

Perhaps I know best why it is man alone who laughs; he alone suffers so deeply that he had to invent laughter.

프리드리히 니체

타인과 대화는 준비해야 한다

"준비 안 된 대화는, 상대의 시간을 도둑질하는 일이다."

"선생님, 예전에 자기소개 때 하신 유머가 아직도 생각나요."

식사 자리에서 처음 만난 이가 내게 반갑게 손을 흔들었다. 그가 말한 유머는 내 이름 삼행시였다. 사실 내 이름은 삼행시가 쉽지 않아 늘 머뭇거렸는데, 지인이 지어 준 버전이 있었다.

솔직히 돌아보면 삼행시는 정말 썰렁했다. 그래도 들을 때는 웃음을 멈출 수 없었다. 썰렁한데 말이다. 썰렁한 유머라도 사석에서 한 번 던지면 분위기가 풀리고 대화가 금세 가까워졌다. 그렇게 시작된 인연이 오래가곤 했다. 비슷한 예로 조명만 씨는 "밝은 빛이 필요한 곳에 언제든 달려가 조명만 비추는 조명만입니다."라고 자신을 소개했고, 이성모 사장은 "조상이 성모 마리아라 이성모입니다. 그래서 성실하게 일합니다."라며 좌중을 웃겼다. 모임에서 "건달"로 통하는 이는 '건배사의 달인'이라는 뜻인데, 자리의 성격에 맞춰 즉석에서 건배사를 지어내 모임을 환하게 한다. 결국 자기소개 한 줄, 건배사 한 줄도 준비된 유머가 들어가면 품격 있는 첫인상이 된다.

문제는 누구나 대중 앞에서 말하는 일을 두려워한다는 점이다. 나이나 경력과 무관하게 목이 마르고 손바닥에 땀이 맺힌다. 이를 이기는 방법은 결국 두 가지뿐이다. 사전 준비와 반복 연습. 스티브 잡스도 무대에 오르기 전 수십 번 리허설을 했다고 한다. 사업을 하다 보면 소개와 발표가 잦다. '그때 가서 알아서 하지.'보다, 모임의 성격과 참석자 구성을 미리 가늠해 두고 첫 문장, 포인트, 마무리 인사까지 준비하는 편이 훨씬 강력하다. 여기에 가벼운 유머 한 줄이 얹히면 금상첨화다. 유머는 낯섦을 호감으로, 긴장을 기대감으로 바꾼다.

유머 감각은 타고나기만 하는 것이 아니다. 훈련으로 얼마든지 좋아진다. 일상에서 재미있는 장면과 표현을 포착해 메모하고, 마음에 든 문장을 녹음해 운전 중이나 산책 중에 반복해서 들으며 입에 붙인다. 내 말이 되어 튀어나올 때까지 몇 번이고 소리 내어 연습한다. 최소한 열 가지 이상, 자주 가는 모임의 분위기에 맞춘 '나만의 안전한 유머'를 준비해 두면 필요할 때 꺼내 쓰기 좋다(종이를 꺼내놓고 책 읽듯이 유머를 읽지는 말자). 다만 억지로 웃기려 들 필요는 없다. 분위기가 정중하다면 과감히 빼고, 이야기의 흐름과 청중의 표정을 읽으며 자연스러움을 택하면 된다. 유머는 양념이기도 하지만, 그날의 메인 코스가 될 때도 있다.

동서고금을 막론하고 '말 잘하는 사람'은 대부분 준비하는 사람이다. 유명 연설들을 떠올려 보라. 촘촘한 논리와 함께 꼭 기억에 남는 한 줄의 유머가 있다. 사람들은 장황한 내용을 잊어도 그 한 줄은 오래 간직한다. 서양에선 유머를 지성인의 덕목으로, 지도자의 필수 역량으로 본다. 유머는 상대에 대한 배려, 상황 판단, 언어 감각이 합쳐진 결과물이기 때문이다. 한 국가의 지도자들이 토론장에서 보여 준 기지 하나가 분위기를 돌리고, 때로는 판세까지 바꿔 놓는 이유가 여기에 있다.

물론 지켜야 할 경계도 분명하다. 누군가를 낮추거나 특정 집단을 비하하는 농담은 관계에 상처를 남긴다. 정치·종교·성별·외모·지역 감정 등 민감한 주제는 애초에 피하는 게 옳다. 특히나 이윤이나 이익이 걸려있는 회사의 대표라면 더 입을 조심해야 한다. 가장 안전하고 힘 있는 유머는 자기 풍자, 그리고 모두가 경험하는 일상의 관찰에서 나온다. 타이밍은 짧게, 어휘는 맑게, 표정은 따뜻하게—유머의 품격은 결국 사람에 대한 손숭에서 완성된다.

유머는 그 사람의 인격을 비추는 작은 창이다. 지식만으로는 마음을 움직이기 어렵다.

"유머가 없는 지식은, 지혜가 빠진 지식과 닮았다."

라는 말을 믿는다. 꾸준한 축적과 연습이 필요하다는 점에서 유머는 근육과도 같다. 매일 조금씩 단련하면 언젠가 자연스럽게 몸이 반응하듯, 말도 자리에서 반짝 빛난다. 준비된 사람에게 더 많은 기회가 오는 이유다.

  모임에 갈 때는 말할 내용과 함께 유머도 챙기자. 마음에 드는 표현을 수시로 모아 외우고, 작은 자리에서 열 번쯤 써먹어 보라. 타이밍과 호흡이 손에 잡히기 시작할 것이다. 유머가 행복과 성공을 100% 보장하진 않는다. 그러나 유머가 없는 삶보다, 유머가 있는 삶이 더 가볍고 넓다는 사실만은 분명하다. 한 줄의 재치로 문을 열고, 한 번의 웃음으로 거리를 줄이자. 유머는 힘이다. 품격을 높이는, 그리고 관계를 오래가게 하는 최고의 무기다.

부동산은 정보 해석 싸움이다

"남들 다 산다길래 따라 사는 건, 자유가 아니라 군중 심리다. 투자할 때마다 '왜 이 상품인가'에 대해 A4 한 장을 못 채우면, 아직은 사지 마라."

K 대표는 창업한 지 20년이 지나도록 회사 자산이든 개인 자산이든 부동산에는 눈길조차 주지 않았다. "사업만 잘하면 돈은 따라온다."는 신념 하나로 임차인으로 버텼고, IMF 때에도 오직 영업과 생산에만 매달렸다. 그가 만약 일터를 담보할 부동산을 한 채라도 사두었다면, 상승한 자산가치와 매달 빠져나간 임대료를 생각할 때 손익의 풍경은 전혀 달랐을 것이다.

반대로 가발업을 하던 B 대표는 같은 시기 사업을 줄이고 급매만 선별해 사들였다. 위험하다는 만류도 있었지만 금융을 익히고 레버리지를 절제해 쓰면서 현금흐름을 만들었다. 경기 침체가 길어질수록 부동산 수익이 방파제가 되었고, 몇 해 뒤 두 사람의 운명은 갈라졌다. K 대표는 파산했고, B 대표는 자본이 두터운 경영자가 되었다.

"운도 있었지만, 공부하고 구조를 이해한 쪽이 끝내 버틴다."

모임에 나가 보면 요즘은 사업 이야기보다 부동산 이야기가 더 길다. 상장 대기업부터 중견·중소기업까지 재무가 탄탄한 곳을 들여다보면, 본업의 이익에 더해 부동산에서 얻은 안정적인 현금흐름이 밑바탕에 깔려 있는 경우가 적지 않다. 오랜 임차 생활을 지속한 회사는 임대료 인상과 경기 변동에 취약해지고, 반대로 무리하지 않은 범위에서 자가를 마련했거나 현금창출형 자산을 확보한 회사는 흔들림이 적다. 물론 예외도 있다. 본업만으로도 훌륭히 성장한 기업이 있고, 반대로 과도한 매입으로 발목이 잡힌 사례도 많다. 부동산은 규모가 큰 만큼 수익도 리스크도 크다.

아파트형 공장만 보아도 초창기 평당 300만 원이던 가격이 2020년 전후로 1,200만~1,500만 원, 신축은 2,000만 원 안팎까지 올랐다. 지역과 시기마다 차이는 있지만 "다음에 사자." 하고 미루는 사이 기회가 멀어진 경험을 한 사람들이 많다. 나는 그 장면에서 한 가지 교훈을 본다. 사업가에게 부동산은 투기 대상이 아니라, 사업을 지키고 확장성을 높이는 '인프라 자산'이 될 수 있다는 점이다. 다만 그 가치를 현실로 만들려면 금융·세무·법무를 아우르는 공부가 전제되어야 한다.

부동산을 이해하려면 먼저 나의 재무 상태를 숫자로 직시해야 한다. 현금흐름이 어떤 구조로 들어오고 나가는지, 고정비와 변동비는 어느 정도인지, 유동성 여력은 얼마나 되는지 스스로 설명할 수 있을 때가 출발점이다. 그 위에서 목적을 분명히 해야 한다. 사업장 안정화를 위한 자가 매입인지, 현금흐름을 위한 수익형 투자인지, 자본이득을 노린 개발형 전략인지에 따라 대상과 자금계획, 리스크 관리가 완전히 달라진다. 레버리지는 '가능한 한 많이'가 아니라 '견딜 수 있을 만큼만'이 원칙이어야 하고, 공실·금리·수선비·세금과 같은 보수적 가정이 계산서에 반드시 반영되어야 한다.

  공부 방법은 교과서와 현장이 함께 가야 한다. 토지, 건물, 공장, 아파트, 농지, 경매까지 장르를 가리지 않고 기본서를 읽다 보면 용어와 제도, 가치평가의 틀이 잡힌다. 동시에 여러 공인중개사 사무소를 발로 찾아다니며 매물을 보고, 질문하고, 비교해야 한다. 그 과정에서 자금 조달 구조와 계약 관행, 숨은 비용과 유의점이 몸에 배게 된다. 동호회나 스터디에서 사례를 공유하고 토론하면 시야가 넓어진다. 부동산은 혼자 모든 정보를 모으고 검증하기 어렵다. 네트워크에서 나오는 현장 감각과 반대 의견이 실패 확률을 낮춘다.

  결정은 언제나 보수적으로 내려야 한다. 목돈이 들어가는 투자일수록 "안 되면 어떻게 버틸 것인가?"를 먼저 묻는 습관이 필요하다. 장기 보유가 전제라면 일시적 가격 변동에 흔들리지 않을 자금 사다리를 만들어야 하고, 현금흐름형 자산이라면 공실과 금리 상승을 고려해도 흑자가 유지되는지 따져야 한다. 무엇보다 본업의 현금창출력을 해치지 않는 범위에서만 움직여야 한다. 부동산으로 부를 만든 사람만큼, 무리한 확장으로 회복하기 어려운 손실을 본 사람도 많다는 사실을 잊지 말자.

결국 부동산은 "정보를 아는가?"보다 "정보를 해석해 자신의 맥락에 맞게 실행하는가?"가 승부를 가른다. 때로는 과감함이 필요하지만, 그 과감함은 치밀한 준비에서 나와야 한다. 재무를 정리하고, 목적을 정하고, 현장을 익히고, 계약서를 끝까지 읽고, 불편한 숫자부터 계산하는 사람에게 기회는 돌아온다. 사업가에게 부동산은 본업을 방해하는 유혹이 아니라, 잘 다루면 회사를 더 튼튼하게 만드는 안전판이 된다. 공부하고 대비한 만큼만, 그리고 견딜 수 있는 속도만큼만 한 걸음씩 포트폴리오를 구축하자. 장기적인 시야와 절제된 실행이 결국 시간을 우리 편으로 만든다.

자신을 브랜드로 만들라

"조연 인생이라고 느껴진다면, 사실은 네가 대본을 안 쓴 거다. 앞으로 3년의 '주인공 프로젝트'를 정하고, 그 목표에 맞지 않는 일은 조금씩 줄여라."

"책을 쓰자!"

책 쓰기는 단순히 생각을 글로 옮기는 행위를 넘어선다. 마치 인생의 파편 같은 수많은 경험과 지식, 감정들을 하나하나 수워 보아 하나의 견고한 축을 세우고, 그 위에 자신의 가치와 철학을 새기는 숭고한 과정이다. 이 과정을 통해 우리는 자신의 삶을 재조명하고, 새로운 의미를 부여하며, 나아가 타인의 삶에 긍정적인 영향을 미칠 수 있는 강력한 도구를 얻게 된다.

나의 오랜 친구 Y는 홍콩에 거주하며 지난 30년간 일본, 중국, 한국을 오가는 무역 사업을 제법 크게 일구어냈다. 그는 누구보다 성실하고 열정적인 사업가였다. 그러나 사업의 번창만큼이나 그의 건강은 서서히 악화되고 있었다. 50대 초반에 접어들면서 그의 건강은 크게 나빠졌고, 여러 병원을 전전했지만 희귀병 진단과 함께 '완치 불가능'하다는 절망적인 소식만 들려왔다. 그는 극심한 육체적 고통과, 미래에 대한 막연한 두려움과 절망감에 휩싸여 자살까지 생각할 정도로 힘든 시간을 보냈다고 나중에 고백했다.

하지만 Y는 좌절에 머물지 않았다. 그는 포기하는 대신 스스로 해결책을 찾기로 결심했다. 자신의 병에 대한 모든 정보를 파악하기 위해 관련 서적을 밤낮없이 탐독하며 의학 지식을 쌓기 시작했다. 또한, 국내외 저명한 의사들을 직접 찾아다니며 다양한 치료법을 모색하고, 자신이 찾은 건강법을 꾸준히 실천했다. 그 결과, 그는 기적처럼 서서히 건강을 회복할 수 있었다. 병이 완치될 정도로 건강을 되찾은 그는 자신의 투병 과정과 극복 경험, 그리고 그 과정에서 얻은 건강 관련 지식과 통찰을 바탕으로 여러 권의 책을 출판했다. 이후 Y는 건강 분야의 전문 작가이자 강연가로 새로운 인생을 살게 되었다. 그는 수많은 강연 요청을 받으며, 자신과 같은 고통을 겪는 이들에게 희망과 용기를 전파하는 보람된 시간을 보내고 있다.

내가 소속한 협회의 젊은 여직원 이야기도 빼놓을 수 없다. 협회의 과중한 업무와 답답한 조직 문화로 인해 힘들어하던 그녀는 이직을 심각하게 고민하고 있었다. 협회 일로 나와 자주 연락하다 보니 자연스레 친해졌고, 그녀는 종종 자신의 고민을 털어놓곤 했다. 그녀는 직장 생활을 하면서도 평소 관심 있던 대만 여행에 대한 글을 꾸준히 개인 블로그에 연재하기 시작했다. 대만에 친구가 있어 자주 오가던 그녀는 단순한 관광객이 아니었다. 대만의 숨겨진 골목길을 탐험하고, 현지인 맛집을 찾아다니며, 평범한 여행객들은 알 수 없는 특별한 정보들을 직접 찾아다니고 기록했다. 인터넷에서 수집한 방대한 정보와 자신의 경험을 치밀하게 엮어 한 권의 책으로 엮어 출판했다.

그녀의 책 출판 이후, 놀라운 변화가 시작되었다. 책은 베스트셀러가 되었고, 그녀는 대만 관광청의 초대를 받아 새로운 여행기를 쓰게 되었으며, 언론에도 여러 차례 소개되면서 나름대로 '대만 여행 전문가'로 인정받기 시작했다. 그 후 그녀는 유명세를 얻었고, 덕분에 자신이 꿈꾸던 여행 관련 콘텐츠 회사에 성공적으로 취직하게 되었다. 이는 내가 그녀를 직접 만나 들은 인생 변혁의 이야기였다. 책 한 권이 한 사람의 삶의 축을 완전히 바꾸어 놓을 수 있음을 보여주는 생생한 사례였다. 그녀는 책을 통해 단순히 정보를 제공하는 것을 넘어, 자신의 열정을 직업으로 연결시키고, 개인 브랜드를 구축하는 데 성공한 것이다. 이는 현대 시대의 '긱 이코노미(Gig Economy)'나 '크리에이터 이코노미(Creator Economy)'와도 맞닿아 있는 현상이다.

책 쓰기가 단순한 글쓰기를 넘어, 한 사람의 삶을 완전히 변화시킬 수 있는 강력한 도구가 확실하다. 과거에는 특정 전문 분야나 특별한 경험을 가진, 소위 '대단한' 사람들만이 책을 쓸 수 있다는 인식이 강했다. 하지만 이제는 누구나 자신의 평범한 삶의 이야기를 책으로 펴낼 수 있는 시대가 되었다.

여행, 취미, 사업 경험, 육아 노하우, 심지어는 특정 게임에 대한 공략법 등 개인의 다양하고 소소한 일상 속 경험들을 담은 책들이 활발히 출간되고 있다. 젊은 세대 또한 자신만의 독특한 경험과 생각을 책으로 엮어내고 있으며, 독립 출판이나 POD$^{(Publish\ On\ Demand)}$ 시스템을 통해 더욱 쉽게 세상과 자신의 이야기를 나눌 수 있게 되었다. 이처럼 누구나 자신의 목소리를 세상에 들려줄 수 있는 시대가 열린 것이다.

많은 사람들의 '버킷 리스트' 중 하나가 바로 책 쓰기이다. 요즘은 자신의 책을 출판하는 것이 예전처럼 어렵지 않은 일이 되었다. 일반적으로 책 쓰기는 나이 든 사람들의 전유물처럼 생각되기도 하지만, 나이에 상관없이 누구라도 책 한 권 만들기에 도전해 볼만하다고 나는 생각한다. 예전에는 특정 전공 분야나 아주 특별한 경험을 가진 사람만이 책을 쓰는 경향이 있었지만, 이제는 여행이나 사업 경험, 취미 등 얼핏 평범해 보이는 분야에 대한 책도 서점가를 풍성하게 채우고 있다. 누구나 원한다면 자신의 삶을 담은 책을 직접 만들어 갈 수 있다. 요즘 젊은 사람들도 자신만이 아는 지극히 사소한 일에 대해서도 책을 쓰고 있다. 어느 정도 글을 쓰기만 한다면, 전문 편집자나 교정자들이 다듬고 보완하여 제대로 된 책을 만들어 주기도 한다. 책 쓰기를 위한 지원 환경 또한 이전보다 훨씬 풍부해졌다. 글쓰기 강좌, 스터디 모임, 전문가 컨설팅 등 다양한 도움을 받을 수 있는 길이 열려 있다. 이제는 마음만 먹으면 누구나 책 한 권을 쓰고 꿈을 이룰 수 있는 시대가 된 것이다.

책 쓰기는 성찰이다. 자신의 삶을 되돌아보고, 파편화된 경험들을 논리적으로 연결하며, 그 속에서 새로운 의미와 가치를 발견하는 자기 성찰의 과정이다. 이 과정에서 스스로의 장점과 숨겨진 재능을 재조명하고, 미처 깨닫지 못했던 잠재력을 발견할 수 있다. 책을 쓰는 동안 우리는 자신의 생각과 감정을 정리하고, 복잡한 문제에 대한 해결책을 찾기도 한다.

새로운 기회를 얻을 수 있는 강력한 도구도 된다. 책은 저자를 해당 분야의 전문가로 인식하게 만들고, 강연, 컨설팅, 새로운 사업 제안 등 다양한 형태의 기회로 이어질 수 있다. 비록 비슷한 내용의 책이 많다 할지라도, '나만의 독특한 시각과 경험'은 독자에게 새로운 울림과 감동을 선사할 수 있다. 결국, 세상에 존재하는 수많은 책 중에서도 독자의 마음을 움직이는 것은 바로 저자의 진솔함과 개성이 담긴 이야기다. 나만의 이야기를 세상과 나눌 수 있다는 것은 매우 큰 기쁨으로 다가온다.

친구 Y가 건강을 되찾고 작가로 변신하여 많은 사람에게 영감을 주는 모습을 직접 목격한 것이 나에게 큰 영향을 미쳤다. 그는 자신의 경험을 통해 고통받는 사람들에게 희망을 주었고, 건강 문제로 힘들어하는 이들에게는 실질적인 해결책과 용기를 주었다. 또한, 협회 여직원이 자신의 취미를 책으로 엮어 새로운 직업을 찾고, 전문가로 인정받는 과정을 지켜보면서 '나도 할 수 있다'는 강한 확신을 가지게 되었다.

'가장 개인적인 것이 가장 창의적인 것이다'라는 마틴 스콜세지의 말처럼, 평범해 보이는 개인의 이야기가 가장 강력한 울림을 줄 때가 있다. 나 스스로도 한때는 나의 경험과 재능이 남들에게는 별다른 관심을 주지 않을 것이라는 생각에 책 쓰기를 망설였다. 그러나 지인 작가들에게 상담한 결과, 그들은 책 쓰기가 평범했던 삶에 새로운 의미를 부여하고, 그것을 특별하게 만들어가는 과정이 될 것이라고 조언해 주었다.

나에게도 책 쓰기는 오랫동안 마음 한구석에 자리 잡고 있던 꿈이었다. 하지만 '시간이 없다', '글 솜씨가 부족하다', '내 이야기가 과연 가치가 있을까' 등 여러 가지 핑계로 계속 미뤄왔던 것이 사실이다. 나의 경험과 이야기를 세상과 나누고, 많은 사람들에게 긍정적인 영감을 줄 수 있는 기회를 잡고 싶다. 이 책은 자식을 위한 유산이다.

당신은 당신이 생각하는 대로 살아야 한다.
그러지 않으면 머지않아
당신은 사는 대로 생각하게 될 것이다.

폴 부르제

자기 자신을 아는 자는 현명하며,
자기 자신을 존중하는 자는 강력하다.

자식이 스스로 경험을 통해 올바른 인성을 갖추고 독립적인 삶을 살아가게 하는 것만큼 값진 일도 없을 것이다. 부모의 한없는 사랑과 지혜로운 교육이 자식의 인생에서 가장 소중한 자산이 될 수 있다는 것은 변함없는 진리이다. 나는 자식의 잘잘못은 부모의 책임이 크다고 생각한다. 자식 교육에 정답은 없지만, 나는 스스로에게 얼마나 충실하게 사랑과 관심을 주었는지, 그리고 올바른 가치관을 전하려는 노력을 다했는지를 꾸준히 자문한다. 부모의 삶이 자식의 거울이 되기에, 스스로 모범을 보이고 끊임없이 배우며 성장하는 것이 중요하다.

미국에서 살았던 경험은 나에게 한 가지 질문을 던졌다.

"왜 한국인들이 다른 민족보다 어렵고 힘든 상황에서도 잘 적응하고 성공한 경우가 많았을까?"

물론 타고난 똑똑함과 근면성은 성공에 한몫했겠지만, 나는 그보다 더 큰 성공 비결이 우리나라가 근대에 겪어온 수많은 혹독한 시련들이 DNA처럼 각인되었기 때문이라고 생각한다. 우리는 일제강점기, 6.25 전쟁, 권위주의 시대의 정치적 혼란, IMF 외환 위기 등 다른 나라 국민들에게 찾아보기 힘들 정도의 격변과 고난을 겪었다. 국가적 위기는 국민들에게 '생존'이라는 강력한 동기를 부여했고, 어떤 어려움에도 굴하지 않는 끈기와 강인함을 심어주었다. 또한, 한국 남자 대부분은 군대라는 극한의 환경을 견뎌내는 훈련을 받는다. 낯선 환경에서의 단체 생활, 체력의 한계를 시험하는 훈련, 그리고 엄격한 규율 속에서 인내심과 책임감, 그리고 협동심을 배우게 된다. 이처럼 국가적, 개인적 어려움을 겪으며 이겨낸 과정과 경험이 미국이라는 낯선 사회에서도 잘 버티고 성공할 수 있게 해주었고, 우리에게는 웬만한 극한의 상황에서도 흔들리지 않고 버틸 수 있는 강인한 정신력과 적응력이 DNA처럼 깊이 새겨졌다고 본다. '고생은 사서도 한다'는 말이 우리 민족의 저력을 대변한다.

  '젊은 시절의 고생은 성공의 밑거름이 된다'는 말을 한 번쯤은 들어봤을 것이다. 우리 역사 속 상인들 중에서 '개성 상인'은 특히 유명하다. 그들은 탁월한 장사 수완과 엄격한 회계 원칙으로 유명했지만, 자식들을 키우는 독특한 방법으로도 널리 알려져 있다. 개성 상인들은 자신의 자식을 먼 곳의 거래처에 보내 밑바닥부터 고생스러운 일을 시키도록 부탁하곤 했다. 심지어 자식을 편하게 일시키면 그 거래처에게는 오히려 불이익을 줄 정도였다고 한다. 그들은 어린 자식이 육체적, 정신적 고통을 겪으며 세상의 쓴맛을 먼저 알아야만, 훗날 인생을 더 행복하고 풍요롭게 만들며, 다른 사람에 대한 이해의 폭도 넓어져 사업 경영도 더 잘할 것이라는 이치를 누구보다도 잘 알고 있었다. 이는 단기적인 성공보다 장기적인 인격 형성의 중요성을 강조한 교육 철학이었다. 자식에게 재산을 물려주는 것보다, 스스로 돈을 벌고 삶의 지혜를 체득하는 능력을 물려주는 것이 진정한 유산이라고 믿었다.

인생을 살다 보면, 젊었을 때의 고생은 후에 몸에 '피와 살'이 되고, 지나고 나면 사실 그리 어려운 일이 아니었다는 것을 깨닫게 된다. 하지만 내 자식에게 고생을 시키는 것은 부모로서 쉬운 일이 아니다. 나는 손흥민 선수의 아버지 손웅정씨를 가장 존경하는 사람 중 한 사람으로 뽑는다. 아버지 입장에서 자식을 위해 혹독한 교육 시키는 것은 자신의 고통보다 더 아프다는 것을 알기 때문이다. 나는 자식의 성장은 부모의 노력이 반 이상이라고 주장한다. 자식을 향한 사랑 때문에 힘든 길을 걷게 하는 것을 주저하게 된다. '자식 농사가 가장 어렵다'는 말이 있을 정도로, 부모가 자식에게 인생의 쓴맛을 직접 가르치고 경험하게 하는 데는 남다른 결단과 용기가 필요하다. 때로는 모진 소리를 듣거나, 자식의 반항에 상처를 받을 수도 있다. 그러나 그 모든 고통과 번뇌를 감수하며 자식을 독립적인 인격체로 성장시키는 것이 부모의 진정한 사명이다.

누구나 자식이 되고, 시간이 흐르면 부모가 된다. 지금은 자식의 입장이지만, 언젠가 부모의 입장이 되는 순간이 찾아온다. 언젠가 그럴 것이라는 생각은 막연한 먼 미래였지, 나에게 곧 닥칠 현실이라고는 상상이 잘 안되었다. 나의 결혼식에서 절을 받던 부모님의 자리에 내가 앉아 아들, 며느리의 절을 받는다는 미래가 아득하게만 느껴졌다. 이제 막 그날이 되었다. 아들과 며느리 앞에서 이런 자리가 익숙한 척하지만, 내 스스로 이 역할을 자연스럽게 받아들이고 인정하기까지는 오랜 시간이 걸렸다. 이는 부모의 사랑을 온전히 이해하고, 책임감을 느끼는 성숙의 과정이었다.

사람은 어렵고 힘든 일을 겪으며 성장해야 인생의 쓴맛을 알게 되고, 그만큼 가치 있는 것을 얻을 수 있다는 것을 깨닫는다. 실패를 두려워하지 말고, 넘어지고 다치는 경험을 통해 인생에 대한 애착과 주변 사람들에 대한 소중함을 배우게 되는 것이다. 그러나 이러한 '이해의 수준' 또한 사람마다 차이가 많다는 것을 살다 보니 알게 된다. 어떤 이는 작은 고통에도 크게 좌절하지만, 어떤 이는 큰 시련 속에서도 한 단계 더 성장한다. 중요한 것은 고통의 크기보다, 고통을 대하는 태도와 그 속에서 배우려는 의지다.

우리 윗세대는 자신보다 자식을 위해 악착같이 살았다. 산업화 시대의 부모들은 미래의 행복을 위해 현재의 행복을 희생하는 것을 당연하게 여겼고, 그것이 최고의 미덕이자 성공의 길이라고 믿었다. 하지만 이제 시대가 변했다. 미래의 행복을 위해 현재의 행복을 희생하는 것에 대한 회의감이 드는 시대가 되었다.

젊은 세대는 '워라밸$^{(Work-Life Balance)}$'과 '현재의 행복'을 중요시하며, 부모 세대와는 다른 가치관을 추구한다. 부모에 대한 자식의 일방적인 의무감 또한 예전만큼 찾아보기 어려워졌다. 이는 효심이 사라진 것이 아니라, 부모 자식 관계가 과거의 수직적 관계에서 수평적 관계로 변화하고 있음을 보여준다.

이러한 변화 속에서 부모의 역할 또한 재정립되어야 한다. 자식에게 물질적인 만족만을 안겨주려 하기보다는, 강인한 정신적 가치와 올바른 인성을 키워주는 것이 훨씬 더 중요하다. 돈과 권력은 한순간에 사라질 수 있지만, 건전한 가치관과 올곧은 인격은 평생 자식의 삶을 지탱해 줄 든든한 버팀목이 될 것이다. 부모의 역할은 자식이 어떠한 어려움 속에서도 희망을 잃지 않고, 긍정적인 마음가짐으로 세상을 바라볼 수 있도록 이끌어주는 것이다. 이는 마치 험난한 길을 걸어갈 때 옆에서 손을 잡아주고, 필요한 경우 지표를 알려주는 '안내자'와 같은 역할이다. 모든 것을 대신해 주기보다, 스스로 길을 찾을 수 있는 힘을 실러주는 것이 중요하다.

힘을 길러준 이후의 삶은 자식 자신의 '노력과 운'에 달려 있다고 말하고 싶다. 세상은 노력만으로 잘되는 경우도 있지만, 운이 따라야 잘되는 경우도 많다. 노력하지 않는 운은 존재하지 않지만, 노력하는 자에게 운이 찾아올 확률이 높아진다. 주변에 운이 좋다고 여겨지는 사람을 보고 너무 비관하거나 질투하지 마라. 당신의 노력과 긍정적인 태도를 지켜보는 다른 사람들은 당신을 보고 '운이 좋다.'고 말할 수도 있다. 운은 준비된 자에게 찾아오는 우연한 기회일 뿐이다.

  이 책을 쓰기 위해 지난 나의 생각들을 정리하는 데 거의 10년이라는 시간이 걸린 것 같다. 금방 마무리할 수 있을 것 같았던 글쓰기가 나의 게으름 탓에 오래 걸렸다. 나 역시 타인의 게으름이나 노력에 대한 문제점은 잘 지적하지만 정작 내 자신에게 적용하기는 쉽지 않았던 것이다. 이는 자기 성찰의 중요성을 다시 한번 일깨워주었다. 그럼에도 불구하고, 이 책을 통해 나는 나의 삶을 되돌아보고, 쌓아온 경험과 깨달음을 자식 세대와 공유하고자 했다.

  이 책에 담긴 지혜들이 단 한 줄이라도 여러분의 삶에 작은 등불이 되어, 더욱 풍요롭고 의미 있는 여정을 걷는 데 기여하기를 진심으로 바란다. 삶은 정해진 답이 없는 끊임없는 배움의 과정이다. 이 책이 그 배움의 길에서 여러분의 든든한 동반자가 되기를 희망한다.

착한 사람에게 외상 주지 마라

초판 1쇄 발행 | 2025년 12월 1일
지은이 | 김관택
발행인 | 김영근
펴낸곳 | 마음 연결
기획 편집 | 마음 연결

ISBN | 979-11-93471-98-2(03190)
가격 | 18000

주소 | 경기도 수원시 팔달구 인계로 120 스마트타워 604
이메일 | nousandmind@gmail.com

※저작권법에 의하여 보호를 받는 저작물이므로 무단으로 복사, 전재하거나 변형하여 사용할 수 없습니다.